LES
BAINS DE PARIS,
ou
Le Neptune des Dames.

Tome 2

IMPRIMERIE D'ABEL LANOE.

LES
BAINS DE PARIS
ET DES PRINCIPALES VILLES
DES
QUATRE PARTIES DU MONDE;
OU

Le Neptune des Dames,

ORNÉ DE JOLIES GRAVURES;

DESCRIPTION hydrographique des Thermes, Bains, Étuves, Eaux minérales et Fontaines les plus célèbres du Globe; renfermant des leçons d'hygiène, précieuses pour la beauté des femmes et la santé des hommes; ainsi que des Vers, des Anecdotes, des Tableaux instructifs et amusans des mœurs de divers Peuples; des Galanteries décentes et des folies de bon ton.

Dédié au Beau-Sexe.

Par Cuisin, Auteur de plusieurs Romans.

TOME SECOND.

A PARIS,

CHEZ VERDIÈRE, LIBRAIRE, QUAI DES AUGUSTIN, N. 25,

—

1822.

BAINS DE PARIS,

ET DES PRINCIPALES VILLES

DES

QUATRE PARTIES DU MONDE.

VINGT HUITIÈME TABLEAU.

AUTRICHE.

BAINS DE BADEN PRÈS VIENNE.

L'EUROPE est plus riche qu'aucune autre partie du monde en bains d'eaux minérales, et particulièrement la France, où les étrangers accourent de tous les points de l'univers pour maints genres de maladies. Après les eaux très-célèbres de Spa et d'Aix-la-Chapelle, les boues de Saint-Amand, les eaux de Barréges, de Bourbonne, de Plombières, etc., tiennent le premier rang pour leurs vertus curatives. On en voit un éloge pompeux dans la FRANCE HYDROGRAPHIQUE de M. R***.

La raison en est toute simple; la nature, prévoyante dans la répartition de ses dons, a voulu qu'un peuple, amant de la gloire, et sans cesse couvert d'honorables cicatrices, trouvât sur son sol une onde régénératrice, dans laquelle le héros pût baigner et fermer ses glorieuses blessures.

La ville de *Baden*, à quelques lieues de Vienne, est à cette ville ce que Capoue était à l'Italie; cependant, elle n'a de célébrité que par ses bains, dont on vante la salubrité. Leur source est dans une montagne voisine, d'où les eaux arrivent par divers canaux : on en trouve dans la ville même et hors de ses murs; l'alun, le sel et surtout le soufre, entrent dans leur substance, et se font sentir par leurs exhalaisons. Des jardins agréables sont ouverts à ceux qui font usage de ces bains; et l'on y jouit d'ailleurs de tant d'autres sortes d'amusemens, que les habitans de Vienne y font de fréquentes parties de plaisir. La cure entière exige que l'on prenne soixante bains, et que l'on y reste trois heures consécutives.

Baden n'est pas le seul endroit de l'Autriche, que ses eaux rendent célèbre. On en trouve aussi à Maenrstorf, sur les frontières de la Hongrie. L'empereur vient d'en acquérir la propriété, et doit y faire construire un vaste bâtiment pour la commodité des personnes qui visiteront ces sources salutaires.

C'est en général pour les bains d'eaux minérales, que J. Delille a tracé d'un pinceau plein de finesse, ces tableaux brillans de coloris et de sel et d'enjouement:

. . . .
Eh! pourrai-je oublier ces eaux miraculeuses
Que cachent à nos yeux leurs grottes caverneuses,

Et dont les flots, glacés par de fréquens éclairs,
Aux approches du feu font pétiller les airs ?
Et celles que le soufre attiédit et colore,
Où la brillante Hygie et le Dieu d'Epidaure,
Dans un bain salutaire ont mêlé, de leur main,
Les métaux de Cybèle et les feux de Vulcain,
Et de qui la vertu, riche en métamorphoses,
Rend au teint pâlissant et le lis et les roses.
Là, viennent tous les ans, exacts au rendez-vous,
Les vieillards éclopés, un jeune essaim de fous ;
La sottise, l'esprit, l'ennui, le ridicule :
Le vaudeville court, l'épigramme circule ;
Là, la coquette vient, réparant ses attraits,
Aux fats de tout pays tendre encor ses filets ;
Là, même lieu rassemble, et l'aimable boudeuse,
Et la jeune éventée, et la vieille joueuse,
Que l'Aube, au tapis vert, surprend à son retour,
Veillant toute la nuit, se plaignant tout le jour.
Plus la foule est nombreuse, et plus elle est active ;
L'un vient et l'autre part, l'un part et l'autre arrive,
Là, chaque coterie a ses arrangemens ;
Chacun y fait emplette et d'amis et d'amans.
Que de vœux passagers, de liaisons soudaines,
De Pilades du jour, qui dans quelques semaines,
L'un de l'autre oubliant les sermens superflus,
Doutent, en se voyant, s'ils se sont jamais vus!
D'autres prennent l'avance ; et deux tendres amies
Arrivent s'adorant et partent ennemies.
Assemblage piquant de costumes, d'humeurs,
D'âges, de nations, et d'états, et de mœurs!

VINGT-NEUVIÈME TABLEAU.

ALLEMAGNE.

BAINS D'AIX-LA-CHAPELLE, DE WISBADEN, DE SCLANGSBAD (*Bains des Serpens*), SPA, ETC.

On peut, à juste titre, appliquer aux bains et aux promenades d'Aix-la-Chapelle, qui, dans la belle saison, offrent à l'observateur les tab'eaux les plus mouvans, les scènes les plus actives et les plus brillantes, ce que dit, dans son *Poëme des Jardins*, M. Delille, en décrivant les charmes de *Kensington* près Londres.

. . . .
Le hardi cavalier qui, plus prompt que la foudre,
Part, vole, disparaît dans des torrens de poudre ;
Les rapides wiskis, les magnifiques chars ;
Les essaims de beautés dont les groupes épars,
Tels que, dans l'Elysée, à travers les bocages,

Des fantômes légers glissent sous les ombrages,
D'un long et blanc tissu rasent le vert gazon.
L'enfant, emblême heureux de la jeune saison,
Qui, gai comme Zéphire et frais comme l'Aurore
Des roses du printems en jouant se colore;
Le vieillard dont le cœur se sent épanouir,
Et d'un beau jour encor se hâte de jouir;
La jeunesse en sa fleur, et la santé riante,
Et la convalescence à la marche tremblante,
Qui, pâle et faible encor, vient sous un ciel vermeil,
Pour la première fois saluer le soleil....

AIX-LA-CHAPELLE (en allemand, *Rachen*) fut bâtie par Charlemagne, qui y fixa sa résidence, et la rendit le siége de cet empire colossal, connu sous le nom d'*Empire d'occident*, qu'on a tenté, mais vainement, de rétablir de nos jours. Ses successeurs s'établirent dans les villes centrales de leurs domaines, et Aix déchut, dès sa naissance, de sa splendeur présqu'éphémère : mais les révolutions ne purent lui ôter ce dont la nature l'avait dotée. Ses eaux minérales sulfureuses attirèrent tous les ans une foule prodigieuse d'étrangers, qui, en reconnaissance des effets salutaires que ses eaux avaient produits, ne manquèrent pas d'en prôner la vertu. Cette réputatation s'est soutenue jusqu'à présent ; aussi voit-on accourir de tous côtés les personnes attaquées de maladies de peau, les goutteux, les apoplectiques, et en général tous ceux qui, par des excès de jeunesse, ont énervé leur constitution. Non que ces eaux fortifient, mais elles purifient la masse du sang d'une manière étonnante ; et telle personne a été guérie par les eaux d'Aix, dont les médecins avaient désespéré de la guérison.

Aux mois de juin et juillet, Aix ne ressemble pas mal à Bathesda ; avec cette différence que les malades n'ont pas besoin d'attendre le bon plaisir d'un habitant du séjour céleste ; mais que des jeunes filles très-adroites se chargent du soin de conduire le malade, fût-il perclus de tous ses membres, dans la baignoire, où ils l'assistent pour le moins aussi bien que les garçons de bain, avec ce surcroît de ménagement et de délicatesse qui ne peuvent manquer d'accompagner les procédés d'une charmante main féminine.

Comme les bains d'Aix sont en général visités par des malades, on n'y trouve pas autant de plaisirs, et la société n'a pas cet air de gaîté, cet air riant, que présentent les autres eaux de l'Allemagne; cependant, la salle de la redoute et des jeux, dans la rue dite *Kompesgbad*, offre aux étrangers les moyens de s'amuser, en leur donnant l'occasion de se réunir. Tous les samedis il y a bal, une fois par semaine concert, et tous les jours la roulette et le trente-et-un. Durant le dernier congrès, sur lequel nous reviendrons, des sommes énormes y ont été perdues.

Nos élégantes parisiennes se tromperaient singulièrement si elles allaient croire que les bains d'Aix présentent autant de luxe que les superbes bains de

Tivoli et autres, ou qu'ils fussent tenus avec autant de propreté que les bains de Vigier. En général, on est mal, et malproprement servi, et la structure des bains empêche qu'on y jouisse de cette solitude voluptueuse qui prête si bien à l'illusion. Qu'on s'imagine une vaste rotonde pavée de pierres bleues, et dans laquelle on a creusé plusieurs baignoires tapissées de marbre blanc. Chaque bain n'est séparé que par une très-mince cloison, de sorte qu'on peut distinctement entendre tout ce que dit et tout ce que fait son voisin. Voilà en deux mots l'architecture des bains d'Aix.

Les meilleurs et les mieux tenus sont les bains de *Corneille* et ceux de l'*Empereur*, ainsi nommés à cause du séjour qu'y fit Joseph II. Ce monarque avait devancé sa suite, et se présenta à cet hôtel sous le nom *du major de Goltz*, en demandant à y loger. La maîtresse de la maison le refusa, en s'excusant sur ce que son hôtel avait été retenu pour l'empereur. Le prétendu major s'obstine, en assurant que Joseph II ne sera nullement formalisé de ce qu'on ait donné un lit à un de ses officiers ; nouveau refus. Enfin, le major est sur le point de partir, en disant, d'un ton très-positif à l'hôtesse, que l'empereur ne logera pas chez elle, si elle refuse l'hospitalité au major de Goltz. A l'instant même arrive la cour, qui reconnaît ce monarque, et notre hôtesse de s'épuiser en excuses. L'empereur lui pardonne ; mais en lui faisant une verte remontrance sur sa conduite, en lui observant qu'un empereur peut bien se priver d'une chambre sur un grand nombre; mais qu'un brave serviteur de la patrie, malade, ne peut pas se passer d'un lit. Ce monarque avait quelque chose de libéral, de *constitutionnel*, qui plaît au premier coup d'œil.

Outre la redoute, et les jeux dont nous avons parlé, il existe aux portes d'Aix une espèce de waux-hall champêtre, où la banque se transporte tous les jours entre quatre et cinq heures; et elle y est suivie par tous les baigneurs. Cet endroit est assez agréable; mais comme il est très-petit, il y a toujours trop de foule.

L'objet des sources des eaux minérales, principale richesse d'Aix, est une sorte de petite merveille à voir; mais on ne peut satisfaire sa curiosité, que lorsque quelque tête couronnée, ou quelque autre personnage marquant, veut se procurer le même plaisir; un simple particulier n'y serait pas admis. Ces sources, qui exhalent une odeur très désagréable, à cause du principe sulfureux, sont cachées aux yeux du public par deux portes de fer. Le corps municipal, le préfet et le gouverneur militaire de la province, en ont chacun une clef qui est en or ; et, comme je viens de le dire, ils ne s'en servent que pour contenter la curiosité des princes. Il faut donc que les trois autorités assistent à cette ouverture, puisque les clefs s'adaptent à trois serrures différentes.

La cathédrale d'Aix, d'une architecture très-gothique, n'offre de remarquable que le tombeau de Charlemagne qui y est enterré. Ce tombeau, qui renferme les dépouilles mortelles d'un des plus grands conquérans, est très-simple. Une courte inscription annonce au voyageur qu'il foule les cendres de ce grand empereur. Que de réflexions fait naître cette tombe illustre ! On se rappelle aussitôt cette strophe immortelle d'une des superbes *odes* de Malherbe, lorsqu'il parle des arrêts implacables de la mort :

Le pauvre en sa cabane, où le chaume le couvre,
  Est soumis à ses lois ;
Et la garde qui veille aux barrières du Louvre
  N'en défend pas nos rois.

J.-B. Rousseau s'exprime aussi, dans ce beau stile vraiment poétique, sur

les grandeurs éphémères des conquérans :

>Montrez-nous, guerriers magnanimes,
>Votre vertu dans tout son jour.
>Voyons comment vos cœurs sublimes
>Du sort soutiendront le retour.
>Tant que sa faveur vous seconde,
>Vous êtes les maîtres du monde,
>Votre gloire nous éblouit :
>Mais au moindre revers funeste,
>*Le masque tombe, l'homme reste,*
>*Et le héros s'évanouit.*

L'illustre d'Aguesseau disait encore : « *Cinq pieds de terre feront toujours raison du plus grand homme du monde.* »

Le glaive, la couronne et les éperons de ce monarque, sont gardés dans la sacristie de cette église, qui possède plusieurs reliques qu'on expose aux regards des fidèles dans les premiers jours de juillet ; tels que la couronne d'épines de Notre-Seigneur, une de ses dents, et une chemise de la Sainte-Vierge.

A une petite demi-lieue d'Aix, on trouve une autre source dans le village de Borcette; l'eau, en sortant de cette montagne, est tellement chaude, qu'on peut y faire cuire des œufs en quatre minutes. Au reste, les environs d'Aix n'offrent rien de bien intéressant sous le rapport de l'hygiène. — Çà et là quelques beaux points de vue, comme dans tous les pays montagneux.

BAINS DE SPA.

Oh! le charmant endroit que Spa! nos aimables parisiennes peuvent au moins s'y rendre sans être continuellement affligées par le spectacle dégoûtant d'un millier de maladies de toute espèce. Bon air, bonne société, bonne chère, charmantes promenades, des amusemens variés; tout concourt à rendre ce petit endroit enchanteur, le rendez-vous des personnes les plus distinguées de l'Europe.

On y voyait jadis un couvent de Capucins, et on remarquait dans le jardin un jet d'eau singulier; c'était un grand bassin du milieu duquel sortait une croix à laquelle était attachée une image du Christ, qui versait de l'eau sur les plaies de ses pieds, de ses mains et de son côté.

Les tables d'hôte à Spa sont très-fréquentées, particulièrement celles de la redoute, de l'hôtel d'Orange et de l'hôtel d'Yorck : on y trouve la meilleure société. Les dames anglaises, encore peu accoutumées à nos usages, surtout celles qui ne parlent pas notre langue, se forment volontiers des tables à part, qui sont autant de petits annexes, de petits groupes isolés, qui rivalisent en gaîté, mais fuient avec raison les causeries bruyantes de la grande table. Cependant, la gourmandise y perd d'un côté ce que l'esprit de conversation y gagne d'un autre. Les véritables gastronomes restent fixés à la *table métropole*, où la fleur des services se voit avidement moissonnés par eux. Toutefois à ces divers repas règne en général un aimable enjouement : sur l'aile des bouchons voltigent les bons-mots, les saillies; la bonne humeur efface la différence des nations, et le Français et l'Anglais sortent joyeusement de table, tout étonnés, le premier, de l'amabilité et de l'esprit de celui qu'il n'avait considéré jusqu'alors que comme un insulaire vaporeux; l'autre, de la profondeur et du jugement d'un léger antagoniste auquel il n'avait jamais voulu accorder que les ailes brillantes d'un papillon.

Rien de plus pittoresque que la situation de ce petit bâtiment, entouré, de tous côtés, de montagnes arides et de stériles rochers. Le voyageur commence d'abord par se former une très-mince idée de cet endroit renommé; mais bientôt, sortant des gorges des montagnes les plus rapprochées de Spa, il semble transporté, comme par enchantement dans ce *Tempé* moderne. Un chemin superbe bordé d'habitations riantes, un ruisseau dont les eaux limpides et argentines arrosent des pâturages fertiles, conduit le voyageur étonné dans un petit hameau, dont les maisons bâties en briques, mais très-régulièrement, font de prime-abord naître l'espérance qu'on y sera bien.

Un tableau fort piquant c'est l'aspect animé de la société de Spa. Aux autres eaux, on vient pour se guérir; ici, on vient simplement pour s'amuser; et si l'on remarque quelque jolie femme qui a dû feindre une maladie pour pouvoir se procurer le plaisir de ce charmant voyage, elle avoue bientôt avec franchise qu'elle ne prend les eaux que pour se divertir. De ce rassemblement de personnes aisées qui n'arrivant que pour se récréer, et qui craignent de perdre une minute d'un temps si précieux, naît un coloris de gaîté, de rapprochement, qu'on chercherait en vain dans tout autre endroit du monde, même à Paris. Il faut s'amuser! telle est la tâche facile que chacun s'impose. Il n'est guère possible de se divertir seul ; il faut donc s'associer avec les autres voyageurs qui font ce pèlerinage annuel aux autels d'Hygie, et mettre de côté dignités, âge, opinion : d'ailleurs, Spa n'est en général visité que par les personnes d'un certain rang ; et par suite de cette loi qu'on s'est imposée, et à laquelle on désire obéir, on se trouve bientôt ne faire qu'une seule et même famille.

Les habitans de Spa, qui n'existent que par les étrangers, n'ont rien négligé pour en rendre le séjour agréable. Les maisons bien bâties, les appartemens bien distribués et bien meublés, de nombreux hôtels, parmi lesquels on remarque celui d'Orange et celui d'Yorck, vous assurent un bon logement, qu'on paie à la vérité un peu cher : des tables d'hôte en grand nombre se trouvant en concurrence, offrent à l'envi les mets les plus recherchés, et les vins les plus exquis. Point de fastidieuse étiquette, mais une honnête décence règne dans toutes les assemblées publiques; et la principale occupation des baigneurs consiste à former la veille des parties de plaisir pour le lendemain.

La fontaine la plus renommée de Spa est le *Pouhon*, dont l'eau, d'après le dire des Esculapes de l'endroit, a des qualités merveilleuses. D'abord, elle est extraordinairement ferrugineuse, et par conséquent fortifiante ; elle est tellement empreinte de fer, que lorsqu'on laisse l'eau, qui sort claire comme le cristal de la fontaine, pendant quelques heures dans un vase, il s'imprègne de tous côtés d'une rouille très-forte ; ensuite elle détruit, d'une manière très-efficace, les vers. J'ai vu mettre une anguille dans de l'eau qu'on avait tirée de la fontaine ; elle y mourut en moins de dix minutes, après avoir fait des efforts inconcevables pour en sortir. On raconte des effets merveilleux qu'aurait produits l'eau de cette fontaine sur des personnes affligées de vers : entr'autres une jeune personne de Liége (mademoiselle Guérin) sentait des douleurs vives dans les reins, et perdait continuellement une grande quantité de sang par les urines. La science des plus habiles médecins s'était trouvée en défaut vis-à-vis de cette maladie opiniâtre, et ils avaient fini par lui conseiller les eaux de Spa, moins comme remède que pour s'en débarrasser. La demoiselle boit de l'eau du Pouhon; ses souffrances redoublent ; cependant elle continue ; et, au bout de trois jours, elle rend par les urines une espèce de ver d'à peu près six pouces de long sur un de large, armé de cornes, et qui, depuis six ans, lui avait fait éprouver des douleurs insupportables. Une autre dame fut débarrassée de seize petits lézards qui s'étaient glissés dans *son sexe;* et enfin, un paysan dans l'oreille duquel un insecte s'était introduit pendant qu'il dormait sur l'herbe, fut débarrassé de cet hôte incommode par l'introduction de cette eau dans la partie souffrante.

La fontaine de Pouhon rend encore aux femmes stériles la fécondité; et on dit que Marguerite de Valois en ressentit les heureux effets. Ce qu'il y a de sûr, c'est que bien des jolies femmes, qui avaient renoncé au doux espoir d'être mères, sont revenues de Spa avec la plus consolante certitude de postérité.....

Des esprits incrédules, caustiques, toujours prêts à mordre, se rappelant ici qu'un grand nombre de beaux cavaliers visitent ces ondes merveilleuses, nieront peut-être, avec une malice condamnable, la prétendue vertu *anti-*

stérile des eaux du Pouhon... ils se plairont à ne voir, dans ces mères soudain fécondées, que d'adroites *Léda*, avides d'accueillir sous le voile des eaux, des *cygnes* toujours officieux quand il s'agit de donner à un mari inhabile les honneurs de la paternité. Mais nous repoussons avec une juste indignation de nos feuilles pudibondes, ces soupçons calomnieux et ces narrateurs incrédules; et, pleins du sentiment de la foi, nous protestons ici que nous croyons aux propriétés *maternelles* des eaux du Pouhon...... *quand même !*.....

Les autres fontaines sont la Géronstère, la Sauvenière et le Tonnelet : on va boire les eaux des deux premières par amusement plutôt que pour se guérir. Malgré l'inscription que le Czar Pierre-le-Grand fit mettre sur la Géronstère, ses eaux ferrugineuses et sulfureuses n'ont qu'une vertu très-faible ; mais la promenade est charmante, et tout le monde s'y rend à cheval. — On trouve sur la place de Spa de petits chevaux très au fait des chemins des montagnes, qu'on loue comme les fiacres à Paris. Rien de plus drôle que cette cavalcade qu'on voit sortir tous les matins. On commence à visiter Pouhon : on boit cinq, six, sept, jusqu'à seize verres de cette eau qui pétille comme du vin de Champagne, et qui lui ressemble un peu sous le rapport du goût : on remonte à cheval, et on boit deux ou trois verres à la Géronstère, puis un ou deux à la Sauvetère, et de là on se rend à Tonnelet où on déjeûne et l'on prend un bain. Une pelouse devant la maison, qui est située de la manière la plus agréable, invite à de folâtres jeux. Le diplomate déride son front sur cette charmante pelouse, le banquier y oublie ses chiffres, et tout le monde y trouve un instant de bonheur. Pourquoi faut-il que cet instant soit en général de si courte durée !

Après cette petite excursion, tout le monde rentre en ville. On s'habille et on fait des visites. A midi, une harmonie assez bien composée invite les joyeux baigneurs à se rendre à la redoute, où MM. Davelouis ont établi une banque, à laquelle les Anglais perdent leurs guinées le plus gracieusement du monde; car la salle étant aussi bien visitée par les dames que par les cavaliers, on aurait mauvaise grâce de s'emporter contre la divinité capricieuse du Hasard. Après quatre ou cinq tailles, quelques artistes en fait d'armes ou autres, font preuve de leurs talens, moyennant une légère rétribution, et contribuent à procurer quelque distraction; leurs prouesses finies, on descend au café. Toujours dans la redoute, et également exploité, ainsi que tous les établissemens qui se trouvent dans ce vaste bâtiment, par MM. Davelouis, on joue au billard, mais seulement pour se distraire; il est rare qu'on y risque de l'argent; et celui qui proposerait une partie intéressée, s'exposerait à passer pour un chevalier d'industrie; ensuite on attend, en se promenant, l'heure du dîner.

RELATION DU CHEVALIER DE ROSANGES
SUR LES BAINS DE SPA,
Envisagés sous leur point de vue moral et d'hygiène.

Ce fut à la table de la redoute que je rencontrai la baronne de Marville. A l'âge de soixante ans, elle a conservé le rare talent de captiver l'esprit de tous ceux qui ont le bonheur de l'approcher. Son jugement, formé par une longue suite de vicissitudes, est pour ses enfans et pour ses amis, un phare sûr qui ne manque jamais de conduire à bon port ceux qu'il éclaire dans la route orageuse des passions de la jeunesse. Nous avions été élevés ensemble; elle me reconnut aussitôt, et me présenta aux personnes de sa société et m'ordonna en badinant d'être son cavalier pour le reste de la journée. Je profita bien volontiers de cette faveur. Je vais tracer exactement à mes chers lecteurs notre conversation, qui me semble un tableau assez fidèle du théâtre des bains de Spa.

Après avoir pris le café à la redoute, nous nous rendîmes à la promenade, dite de *sept heures* : cette promenade se compose d'une superbe allée qu'on a plantée au milieu d'un pré, bordé de tous côtés par une double galerie de montagnes et de rochers, dont l'aspect d'un effet très-romantique cotraste avec l'émail du vallon. C'est là que se rassemble, à sept heures, tout ce qu'il y a de vivant dans Spa. Sur la cime des monts, on aperçoit çà et là de petits pavillons d'où l'œil peut s'égarer à loisir dans les plaines voisines. La jeunesse y gravit quelquefois. Pour y arriver, on traverse des bosquets solitaires, sombres et mystérieux. Tendre innocence, défiez-vous-en ! plus d'un Lovelace, plus d'un libertin systématique y a médité votre perte, a marqué votre chute dans ces détours perfides; en commençant par corrompre la pureté de votre cœur par le poison de la flatterie, il a su épier avec habileté un de ces momens de fragilité dont la plus austère vertu n'a pu quelquefois se défendre.

Madame de Marville et moi, restâmes en arrière à cause de la lenteur de notre marche, réglée sur notre âge : elle eut l'envie de se reposer ; nous prîmes place sur un banc, et nous entamâmes la conversation suivante, que je vais dialoguer, pour lui conserver, autant que possible, son petit intérêt historique.

Mad. de Marville.—Comment trouvez-vous Spa?—Charmant en vérité! moins bruyant que Paris, beaucoup plus gai que Londres, on y trouve réuni ce que ces deux villes rivales renferment de plus agréable et de plus séduisant. Grâces, jeunesse et beauté, tout ici court après le plaisir ; le guerrier y vient cicatriser les blessures qu'il a reçues pour sa patrie; l'homme de lettres y vient féconder son génie; le vieillard, entouré, là plus que partout ailleurs, de respects et de prévenances, oublie la perversité du siècle et la coupable indifférence de ses enfans qui l'ont abandonné. — Mais, mon cher observateur (c'est le titre qu'elle me donna), vous me parlez de Spa avec un feu qui ferait honneur à un jeune homme amoureux! Mon intention n'était pas de vous demander des *tableaux* sur la société, mais bien ce que vous savez relativement aux sources régénératrices dont la Providence a enrichi ces contrées arides, et d'où s'éloignerait tout être vivant sans leurs eaux bienfaisantes. Je vous pardonnerais même une analyse scientifique, pourvu qu'elle fût courte; ainsi racontez-moi tout ce que vos médecins vous ont dit, et ce que vos propres observations vous ont fait découvrir. — Vous saurez donc, Madame, pour vous prouver mon entière obéissance, que les eaux de Spa se composent de quatre fontaines : le *Pouhon*, la *Géronstère*, la *Sauvenière*, et le *Tonnelet*. Le *Pouhon* contient une quantité extraordinaire de fer, mêlé avec du soufre très-volatil ; une petite portion de nitre tempère très-avantageusement l'effet de ces deux minéraux. (Ici le chevalier de Rosanges retraça à madame de Marville ce que j'ai dit ailleurs sur les qualités du *Pouhon*, et continua en ces termes) : «La *Géronstère* contient du soufre et du fer en portions égales, auxquelles se joint un peu d'alun. Cette fontaine si renommée pour donner de la fécondité aux dames, et ranimer la vigueur des vieux maris, ainsi que celle des époux indolens, serait très-nuisible à ceux qui seraient sujets à la gravelle, aux ardeurs d'urines; et aux hémorroïdes. Autant elle est souveraine pour guérir, dans les jeunes personnes, les indispositions du sexe, autant elle serait meurtrière dans les grossesses avancées : elle n'est pas moins dangereuse à ceux qui sont sujets aux vapeurs violentes, aux vertiges et autres maladies du cerveau ; souvent elle les jette dans un état affreux qui oblige de recourir incessamment aux bains et aux saignées.

Il y a deux ans que le jeune comte de F*** fut envoyé à Spa pour calmer les vapeurs périodiques auxquelles il était sujet. On le mena imprudemment à la Géronstère ; il n'en eut pas pris les eaux pendant huit jours, qu'il tomba dans une phrénésie réelle : un médecin prudent et éclairé vint cependant à bout de le guérir, en le réduisant à l'eau du *Pouhon*. De toutes les fontaines de Spa, la Géronstère demande le plus de précautions, par ce que ses effets sont plus violens., par la raison qu'elle est essentiellement imprégnée d'un soufre très volatil et très-spiritualisé, comme on s'en aperçoit même en la goûtant; mais en récompense, elle est un spécifique merveilleux contre les maux auxquels elle est propre; et l'on peut dire qu'une bouteille de cette eau, bue à la fontaine, est une vraie potion médicinale, composée de l'essence de divers minéraux si sagement combinés, que la nature s'y montre infiniment supérieure à l'art.

La *Sauvenière* est souveraine pour la gravelle, la pierre, les maux de reins, et quantité de maladies aiguës, telles que les hémorroïdes, etc. : elle est très-fréquentée, et il s'y opère de temps en temps des prodiges de guérison.

Si l'on en croit la légende, S.t Remacle, patron de Spa, aurait vécu près de cette fontaine, la plus ancienne de l'endroit. On y voit une pierre dans laquelle le pied de ce saint personnage aurait été lié un jour qu'il s'était endormi en priant. Et admirez la vertu du Saint ! une femme qui ne peut avoir des enfans n'a qu'à boire neuf verres de cette eau pendant neuf jours de suite, ayant le pied dans cette pierre bénite, elle y trouvera la fécondité. Les médecins contredisent cependant ce miracle; et ils assurent très-doctement que cette fontaine contient à la vérité un peu de soufre, et qu'elle participe de quelques-unes des qualités de la Géronstère, mais que ces qualités sont tellement absorbées par le nitre et autres minéraux, que ce qu'elle tient de la Géronstère est presque imperceptible, et n'en peut par conséquent point produire *les effets prolifiques.*

Le *Tonnelet*, ainsi nommé à cause de la forme de son bassin qui ressemble à un tonneau, est incomparablement la plus grande source minérale de ces contrées; l'eau qui sort de ce tonneau jette des bouillons aussi gros que le bras; et elle est si froide, qu'il serait plus facile de tenir la main dans de la neige que dans cette fontaine. L'eau du Tonnelet contient plus de soufre que celle de la Géronstère, mais ce soufre est différent; celui de la Géronstère est volatil, au lieu que celui-ci n'est ni volatilisé, ni métallique, mais crû et commun. Les sels qui y dominent sont le nitre et l'alun ; et c'est à l'abondance de ces deux minéraux qu'elle doit sa froideur. Ces eaux sont propres à rafraîchir le sang, à réparer les insomnies, à dissoudre la pierre et la gravelle dans les voies de l'urine. Beaucoup d'habiles médecins cependant n'en conseillent pas l'usage à cause de l'alun dont elles abondent, et dont les qualités astringentes leur sont suspectes, surtout lorsqu'il s'agit de dissoudre la gravelle.

Il y a bien encore à Spa deux ou trois

autres petites fontaines, mais qu'on ne visite plus, et sur lesquelles je puis m'abstenir de parler.

Voilà ce que je vous demandais, reprit madame de Marville, et je vous remercie. Ainsi la sage Providence, dans ces déserts arides, a voulu placer à-la-fois les marques de sa toute-puissance et les sources de la vie. Ces montagnes stériles sont donc *la pharmacie divine* (si je puis hasarder cette expression), d'où sortent des remèdes si efficaces au bonheur du genre humain?—M. de Marville se tut. — A ses yeux demi-fermés, je reconnus qu'elle s'était prosternée en esprit devant son créateur; je suivis son exemple, et nos yeux humides en se rencontrant offrirent l'encens de notre reconnaissance.

Les promeneurs rentrent, me dit la baronne, faisons comme eux, et tâchez de me faire passer agréablement ma soirée. — Allons au spectacle. — Au spectacle! il y a donc un spectacle à Spa? — Oui, et assez bien composé même ; l'impossibilité d'avoir pour les grands emplois des artistes du premier ordre, force les directeurs de mettre plus de soin à l'ensemble; et, sous ce rapport là, tel acteur brille à Feydeau, qu'on sifflerait à Spa.— Allons au spectacle.—On donnait *le nouveau Seigneur* et *la Fée Urgèle*. En sortant, madame de Marville me fit observer qu'à l'exception de madame Desmaites, tout le reste de la troupe méritait d'être impitoyablement sifflé; la baronne avait raison.

A Spa, on sort de plain-pied du théâtre pour entrer dans la salle de la redoute. Dans cette salle, on se réunit deux fois la semaine pour danser. C'était une soirée de bal. *La rouge perd et couleur,* les expressions violentes des joueurs désappointés, étaient couvertes par les instrumens de Terpsichore. Observons, me dit ma compagne. — Nous nous assîmes sur un des nombreux canapés de ces salles, et nous commençâmes nos critiques.

Connaissez-vous ces demoiselles, qui, à leur costume, sont anglaises et qui, encore par l'uniformité de leur toilette, me font présumer qu'elles sont sœurs ? A leurs grâces, à leur aplomb, on les dirait élèves de Vigotini. — Cependant elles n'ont jamais été à Paris; ce sont les trois filles de l'amiral G***. Tous les matins, le bassin du Pouhon reçoit leurs corps d'albâtre; à onze heures, un coursier fougueux mord le frein dont leurs habiles mains tiennent les guides; il ne s'étonne pas, en les regardant, que sa force et son courage soient domptés par ces brillantes amazônes. Le soir, toutes dévouées à la muse aux pieds légers, ce n'est qu'à minuit que la fatigue les force à prendre le repos nécessaire pour recommencer le lendemain. Lycurgue n'aurait pas mieux élevé ses garçons. — Et cette dame en noir qui semble, à pas pénibles et lents, traîner sa tendre langueur. — C'est l'épouse d'un riche banquier hollandais, qui a perdu sa santé aux Indes, et qui tâche de la retrouver ici ; ses beaux yeux cherchent quelqu'un dans la salle, dont la santé robuste puisse un jour la dédommager des soins qu'elle prodigue maintenant à son mari impotent.—Vous observez un peu malignement ; mais enfin la vérité est ennemie de l'adulation; passons outre. Ces deux belles femmes à qui personne ne parle, qu'on semble même fuir, et qui, tout en riant, laissent apercevoir un certain dépit? — Ce sont des femmes qui, foulant aux pieds les lois les plus sacrées, celles de l'honneur, ont jusqu'ici fait étalage d'un luxe effréné ; modernes Laïs, elles ont acquis dans le vice cette paix honteuse et ce front d'airain qui rougirait de rougir. Maintenant elles sont ici, afin..... — J'entends ; et ce jeune homme dont *le bou ton d'or* sur le dos contraste si singulièrement avec son habit noir?—C'est un chambellan du duc de N***: voilà tous ses titres. — César ne se serait pas contenté de cela ; mais enfin tout le monde n'est pas César. Ces deux Messieurs en toilette simple, assis assez nonchalamment sur le sopha, et auxquels parle avec tant d'intérêt S. A. R. le duc de C*****?— Ce sont MM. G..., L.. et S.r N......, D...., les deux plus grands chimistes de l'Europe: ils viennent de faire une nouvelle découverte qui ne peut rien ajouter à leur réputation ; mais leur invention fera un bien immense à l'humanité : ils sont contens ; cependant ils n'ont réussi qu'à force de veilles et de travaux. — Je le crois. Et ces trois jeunes gens que j'ai vus à Paris, sans pouvoir me rappeler où ; qui paraissent si humbles, si prévenans, si rampans... ? — Ce sont trois chevaliers du *destin*, qui venlent acquérir de l'argent sans se donner beaucoup de peine; n'étant reçus nulle part, à cause de leur conduite et de leurs mœurs, si ce n'est dans les bals infâmes de Madame B*** et de M..., et d'autres endroits impurs, que tels dans les tripots de la rue Feydeau et de la rue Ste.-Anne. Leur savoir consiste à filer adroitement les rois à l'écarté, les as au piquet, voire même les impériales: ils sont ici dans l'espoir de trouver des dupes. Malheureusement pour eux, les lois, dans ce pays, veillent plus sur les causes que sur les effets, et ils seront fort heureux de s'en tirer sans laisser de leurs plumes. — Cependant, je vois des personnes distinguées s'entretenir avec eux. — Ici, comme dans les autres villes, les hommes parlent et se lient même avec des gens sur qui pèse l'opprobre; mais ils se garderaient bien de permettre le même oubli à leurs femmes ou à leurs filles; le sexe féminin, le chef-d'œuvre de la nature, doit être le gardien de la vertu, et, par sa conduite, mériter ce glorieux titre; tout objet impur doit être banni de sa société. Les hommes les plus vicieux et les plus corrompus sont pénétrés de cette vérité; ils n'approchent les femmes honnêtes qu'avec crainte. — Je vous remercie, reprit la baronne, de la franchise avec laquelle vous adressez cet éloge à mon sexe; vous avez raison : une femme vertueuse corrige par sa douceur les passions les plus violentes de son époux, ainsi (permettez ma comparaison) que le nitre tempère l'eau du Pouhon. Mais je vois le duc de W*** et le maréchal de R*** se parler avec feu; de quoi s'entretiennent-ils? ils paraissent joyeux et contens. — Ils forment un quadrille, et sont un peu incertains sur quelles dames ils feront tomber leur choix flatteur. Leur voix qui naguères était le signal de la mort et du massacre; leur bouche dont un seul mot moissonnait l'espoir du père de famille, le soutien de la veuve; ces hommes,

<small>Ministres rigoureux des vengeances des rois,</small>

vont donner leurs ordres pour commencer le menuet......... Puissent leurs talens n'être jamais employés d'une manière plus meurtrière!....

Dans ce moment, la société de Madame de Marville, nous rejoignit ; la soirée était avancée ; elle prit mon bras, et nous nous acheminâmes vers son hôtel. Le Pouhon était sur notre chemin. Madame de Marville me serra le bras, et me dit à voix basse : *Le Pouhon n'a jamais changé ; il est tel qu'il était il y a des siècles : jamais il n'a fait que guérir. La veuve ne lui demande pas un fils.... Le Pouhon est l'ouvrage de Dieu ; la guerre est un fléau inventé par les hommes.....*

Ici finit la relation du chevalier de Rosanges, que nous avons moins donnée à nos lecteurs, pour les petits tableaux qu'elle présente, que pour l'explication des qualités de toutes les eaux minérales de Spa et environs ; car M. de Rosanges n'oublie-t-il pas ici une infinité d'originaux plaisans, de caricatures grotesques: par exemple, de ces joueurs opulens, paralysés de tous leurs membres, qui se font porter chaque soirée par leurs laquais à la table des jeux, et qui n'ayant pas même la force de placer leur or, gagent des mains pour servir leur ridicule frénésie? Plus d'un est mort à cette table même : le *trente-et-quarante* a été son tombeau ; il n'aurait plus manqué que de l'ensevelir, dans le drap vert et bigarré de *la rouge, noire, passe et pair....* digne *linceul* d'un tel agonisant.... Il aurait pu parler de ces comtesses surannées, qui, au lieu de béquilles, ont encore l'impudeur de se soutenir sur le bras d'un jeune homme, leur Sygisbé à gages ?..... Il aurait pu ajouter une esquisse badine de ces actrices impudentes, de ces *cabotines* déhontées, qui, à cent lieues de leur théâtre, ont l'audace d'arriver en berline sous le titre de *Baronne* ou de *Marquise*, et continuent de jouer la comédie devant un nouveau public qui ne les reconnaît pas ?.. Ensuite de tous ces gentilshommes *de la troisième jeunesse* qui, la bourse vide et le cerveau plein d'une vieille vanité, tournent autour des convives pour ramasser quelques miettes tombées de la table et mendier auprès des pontes en bonne fortune, afin d'arracher un écu à leur pitié superstitieuse ;..... puis, de ces tantes éternelles avec leurs nièces postiches, de ces mères voyageuses avec leurs filles d'emprunt, allant prendre, non les eaux, mais colporter leurs vénales attraits de bains en bains, et revenir toujours vierges de ces noces ambulantes....

Le chevalier de Rosangés aurait pu composer un autre épisode sur ces flibustiers d'eaux minérales, qui, avec de faux diamans à la chemise et aux doigts, font les importans, ne possèdent, pour tout avoir, que quelques jeux de cartes préparées dans leurs poches, et courent tous les pays, excepté le leur dont ils sont contumaces. Pourquoi le chevalier n'aurait-il pas encore sacrifié quelques coups de pinceau à ces touchantes veuves qui épousent la nature entière, sans jamais perdre leur état de viduité?... De plus, tous ces personnages plâtrés, tarés blâsés, sucés, usés, qui, sous le nom de *Sainte-Rose, Saint-Phar, Saint-Evreuse*, malgré tous ces Saints, sont les plus impies vauriens du monde?..... Mais alors il aurait peint en abrégé la nature entière, et nous aurait enlevé à nous-mêmes le plaisir de placer, à l'occasion d'autres bains, des aperçus assez piquans sur cette matière.

BAINS DE WISBADEN.

Wisbaden, dont nous ne pouvons nous dispenser de parler, est un bain principalement fréquenté par les personnes hypocondriaques; ses eaux thermales, sans être tout-à-fait dénuées de vertus médicinales, n'approchent pourtant pas des eaux d'Aix; mais le site enchanteur de cet endroit suffit pour attire la foule. Malheureusement pour ce bain, les sources thermales se sont taries l'année dernière par la cupidité d'un spéculateur, qui, voulant bâtir un édifice en concurrence avec celui de la redoute et des bains, prit si mal ses mesures, que les fondemens de sa bâtisse s'écroulèrent et firent tarir la source. On cherche à remédier à ce désastre: on a l'espérance du succès.

Schualbach, Carlsbad et le Schlangebadt, se trouvent aussi dans la même cathégorie que Wisbaden; le dernier cependant offre une singularité remarquable; c'est que ses eaux sont remplies de serpens, dont lui vient son nom. Ce reptile, qui cause tant d'effroi partout ailleurs, jouit ici d'une singulière prérogative; car les baigneurs, bien loin de s'en effaroucher, s'en font entortiller les bras et les jambes par amusement; cette espèce n'est en aucune façon dangereuse. Ainsi ces mêmes baigneuses et baigneurs ressembleraient ici à d'autres Laocoons, avec cette grande différence que les fils infortunés de Priam et d'Hécube périrent dans des angoisses affreuses, et que les nôtres montreraient un visage riant au milieu de leurs groupes singuliers. C'est, sans doute, de cette sorte de reptiles que M. Delille parle en ces beaux vers :

. . . .
Plus étonnans encor, ces minces serpens d'eaux
Qui, l'un à l'autre unis par de vivans anneaux,
Et par nous appelés du beau nom de Naïades,
Promènent sur leurs eaux leurs flottantes peuplades.
L'enfant navigateur que la nymphe enfanta
Ne sort point tout entier du corps qui le porta;
Quelque temps retenu par le nœud qui l'arrête,
Dans le sein maternel il cache encor sa tête.
Sa mère l'y nourrit, et la fille à son tour
Tient de même attaché le fruit de son amour;
La troisième sur l'eau remorque aussi sa fille:
Les Naïades ainsi voyagent en famille,
Et formant un seul corps d'un long rang d'animaux,
Trois générations se suivent sur les eaux....

TRENTIÈME TABLEAU.

HONGRIE.

BAINS DE LA HONGRIE.

Dans les environs de la ville de Bude, en Hongrie, on voit des sources d'eau chaude dont *les bains* sont très-salutaires : elles y conservent une si grande chaleur, qu'on y cuirait des œufs en moins de temps que dans celle qu'on ferait bouillir sur le feu ; et, comme si la nature avait voulu tempérer ces fontaines, elle y a joint une source d'eau froide qui en est si voisine, qu'un même homme peut en même temps remplir deux cruches, l'une d'eau froide et l'autre d'eau chaude. Mais ce qui surprend le plus, c'est de voir les poissons nager au fond de cette eau bouillante, d'où l'on peut tirer à-la-fois des poissons vivans et des œufs cuits.

De Bude à Belgrade, en suivant toujours le cours du Danube, on rencontre plusieurs villes dont aucune n'est digne de remarque, quant à ses bains simples ou minéraux; mais nous saisissons cette occasion de parler du Danube, le fleuve le plus grand de l'Europe, comme d'un sujet qui se rattache essentiellement à l'élément que nous traitons. Ce fleuve prend sa source en Souabe, dans la Forêt Noire, sort de l'Allemagne vers l'orient, traverse la Hongrie et la Turquie, et, après s'être grossi de cent vingt rivières, dont presque la moitié sont navigables, se jette, par plusieurs embouchûres, dans le Pont-Euxin, avec une impétuosité qui fait encore distinguer ses eaux à plusieurs milles de distance; son cours entier, avec les pays et les villes qu'il arrose, a été représenté en vingt-huit petites cartes, et décrit dans un livre allemand, sous le titre pompeux : *Le Danube victorieux, et renommé par les faits héroïques de la très-valeureuse aigle impériale.*

Déjà nous avons vu le Danube inconstant,
Qui, tantôt catholique et tantôt protestant
   Sert Rome et Luther de son onde ;
   Et qui comptant après pour rien
   Le Romain et le Luthérien,
   Finit sa course vagabonde
   Par n'être pas même chrétien.

Mais si le Danube a pu quelquefois être orgueilleux des brillans exploits qui eurent lieu sur ses rives, ce fut sans contredit à la bataille de Wagram, où ses bords furent jonchés des trophées de la plus éclatante victoire que remporta jamais l'armée française ; ses flots roulèrent nos lauriers avec les débris des vaincus, et coururent apprendre au Croissant le triomphe des invincibles. Le Danube lui-même, étonné de nos miracles belliqueux, sortit du sein de ses roseaux et de ses grottes profondes, pour contempler ce grand événement. Les Naïades, qui forment la cour de ce dieu, en parurent allarmées, et les Nymphes du fleuve tressèrent de nouvelles couronnes pour les Français....

> Sur leurs fronts glorieux, couverts de cicatrices,
> Aux myrtes de l'Amour s'unissent les lauriers ;
> Coustans à la victoire, amans un peu légers,
> On aime leurs exploits, on rit de leurs malices :
> Philosophes guerriers, séduisans troubadours,
> Les femmes et le punch se partagent leur vie ;
> Ils savent fredonner leur gloire et leur folie,
> Vis-à-vis des boulets, des belles, des Pandours.

Pardonnez, pardonnez, Mesdames, si j'ai perdu un instant de vue vos douces et chastes baignoires pour une digression qui leur est étrangère ; mais je parlais de nos héros ! j'ai quitté un moment les roses qui brillent sur votre teint, pour les lauriers qui ceignent leurs fronts.

TRENTE-UNIÈME TABLEAU.

LAPONIE.

BAINS DE LA LAPONIE.

Ce peuple pygmée, encore au berceau de la civilisation, et d'ailleurs placé sous le climat le plus âpre de la nature, ne laisse pas d'avoir aussi *ses bains*. Dans les contrées méridionales de la Laponie, par exemple à *Tornéao*, on en connaît déjà l'usage. A cet effet, les Lapons ont une espèce de fourneau, placé dans un coin de la chambre; et lorsqu'il est bien échauffé, ils jettent de l'eau dessus, et vont s'humecter de la vapeur qui en sort. On y voit ensemble, et dans une indécente confusion (a dit *Regnard*, auteur comique très-estimé, et qui parcourut la Norwége et la Laponie en traîneau attelé de rennes, suivant l'usage du pays, avec M. *de Maupertuis*, académicien français et autres savans); on y voit ensemble, dit-il, hommes, femmes, filles et garçons, dans une entière nudité, ayant chacun une poignée de verges dont ils se fouettent réciproquement sur toutes les parties du corps pour exciter la transpiration; puis, sortant de là, toujours nus et en sueur, ils vont, par le plus grand froid, se jeter dans une rivière, ou se rouler sur la neige. — Ce procédé prendrait difficilement en France, surtout la fustigation des verges: nos dames ne se prêteraient pas du tout à ce moyen de transpirer, à moins que ces mêmes verges ne fussent composées de bouquets de roses, dont on aurait soigneusement arraché les épines; et encore leur modestie ne souffrirait pas que l'opération fût faite par des mains masculines, à moins que ce ne fussent celles d'un époux complaisant.

Les salles de ces bains laborieux, et même douloureux, que l'on pourrait mettre au rang des épreuves maçonniques les plus fortes, sont éclairées, au lieu de lampes ou de chandelles, par des pièces de bois de sapin fort minces et longues de deux pieds, qui brûlent assez bien, mais qui durent peu. Les Lapons ont des paniers pleins de neige pour recevoir les charbons qui en tombent à chaque instant.

TRENTE-DEUXIÈME TABLEAU.

GROENLAND.

INVENTIONS CURIEUSES DES GROENLANDAIS POUR LE BAIN.

En outre de leurs étuves grossières, où, au milieu d'une athmosphère de vapeurs épaisses produites en jetant de la neige sur des briques rougies, ils parviennent à se procurer des transpirations abondantes, les Groenlandais ont encore imaginé un vêtement avec lequel ils se tiennent debout et presque à sec sur les flots. Ce vêtement est une espèce de *scaphandre*, où l'habit ne forme qu'une seule pièce faite de peaux de veau marin, parfaitement cousues, et surtout bien suiffées en dehors ainsi qu'en dedans, afin d'empêcher la moindre humidité d'y pénétrer. Près de la poitrine, ils ménagent un petit trou, dans lequel ils soufflent avec un tuyau comme dans une vessie; de cette manière ils se soutiennent sur l'eau comme dans un ballon. Ils appellent cela prendre *le bain ambulant.* En effet, flottant sur les flots, et se dirigeant à leur gré au moyen d'un aviron, ils ne laissent pas de se livrer au plaisir de la promenade, tout en s'occupant de la pêche, car ils se munissent aussi de leurs arcs ; et lorsqu'ils aperçoivent quelque poisson de mer, ils lui lancent leurs flèches, et l'étendent mort sur la plage.

Croirait-on que les jeunes filles, audacieuses et aguerries comme l'étaient les Lacédémoniennes, se livrent également à ces jeux, et affrontent la fureur des vagues, enveloppées de l'aérien scaphandre? On s'imagine voir, dans le temps de la pêche générale, dit l'illustre Voyageur qui nous fournit cet article, un essaim de néréides ou de syrènes se jouant sur les eaux, ou des centaures lançant leurs traits sur les animaux monstrueux.

Ne doit-on pas s'étonner qu'à Paris, ville si féconde, depuis vingt ans, en inventions de toute espèce, aucun innovateur n'ait encore imité le *scaphandre groenlandais ?* Ne serait-il pas plaisant de voir dans la belle saison floter sur les eaux de la Seine quantité de ces ballons animés, dirigés comme une rapide nacelle, et de contempler dans une lutte, par exemple, une multitude de *scaphandrais* et de *scaphandraises*, distingués par des couleurs et des drapeaux, s'attaquer, joûter, se percer de coups de lance, éclater comme une bombe par l'explosion de leur enveloppe aérienne, et offrir ainsi le plus grotesque spectacle qu'aient jamais présenté les joûteurs de *la Rapée* dans leurs petites guerres *maritimes* sur la Seine ?...

Cependant, il faut convenir qu'on a vu en 1784, je crois, un homme qui avait fait le pari de traverser la Seine au Pont-Royal, marcher effectivement sur les ondes, au moyen d'une sorte d'appareil qui s'adaptait à la plante des pieds, et le faisait tenir debout sur les eaux comme par l'effet d'un talisman invisible.

Ces digressions anecdotiques nous conduiraient naturellement à parler de tous les procédés ingénieux des *plongeurs* pour les perles, à Ormus, à la côte de Coromandel et autres endroits de l'Asie, sans sortir absolument de notre sujet, puisque nous restons toujours sur l'élément de l'eau ; mais ces intéressans détails appartiennent au théâtre de l'Asie ; et c'est dans cette seconde partie du monde que le lecteur doit chercher ces explications curieuses.

MARIAGE DES GROENLANDAISES.

Disons un mot des mariages des Groenlandaises, pour rompre l'uniformité de nos descriptions.

Là, point de corbeille de satin rose, de *sultan* embaumé, qui contienne de riches parures, de beaux diamans, d'élégans cachemires; point de soins délicats, de galanteries séduisantes, de portraits échangés, de commerce épistolaire à la Saint-Preux..... Toutes ces délicatesses, résultat de l'artifice de nos mœurs, qui font souvent de l'amour un fantôme théâtral et purement métaphysique; toutes ces délicatesses à l'*eau-rose*, dis-je, disparaissent dans la grossière cabane d'une jeune Groenlandaise : est-elle demandée en mariage, ce n'est pas avec de la crème du Cathay ou de l'huile de Madagascar qu'elle se parfume la chevelure : non, chère Lectrice; j'ose à peine le répéter, c'est avec de l'urine..... Tout ne git-il pas dans notre imagination ?..... Elle ne dira ni *oui* ni *non* à son futur; elle est en cela un peu Normande; mais, déroulant les tresses de ses cheveux, et s'en faisant un voile sur sa figure, elle se met à pleurer; et, après quelques petites façons, après avoir pris de nouvelles ablutions d'urine, elle entre, ainsi ondoyée, dans le lit conjugal. Quelquefois encore, elle affectera une résistance opiniâtre; sa vertu jouera la plu vive répugnance; sa pudeur se révoltera au seul mot d'amour et d'hymen. Alors de vieilles matrones l'enveloppent dans un sac, en laissant passer les tresses de ses cheveux; et, dans cette situation pathétique, on la traîne dans le boudoir de son époux. Combien elle doit être touchante dans cet état !!! C'est une véritable victime *roulée* à l'autel de l'hyménée : alors toute la peuplade retentit de sa vertu, ainsi que de sa touchante résistance. C'est dommage que cette pruderie enfantine ne prenne pas à Paris. Combien ne serait-il pas délicat pour un mari de voir arriver sa femme dans ce séduisant désordre. Il est vrai qu'on voit, dans certains ménages de la basse classe, un brutal mari traîner sa femme par les cheveux ; mais c'est dans un sens contraire, et pour la chasser de chez lui.

NAISSANCE DES ENFANS ; LEUR BAIN.

Parmi les peuples les plus grossiers, un certain pressentiment, et comme l'instinct de l'avenir, leur apprend que c'est par l'âpreté et la rudesse des mœurs, que l'homme devient vigoureux, et se rend insensible aux maux physiques et moraux de la vie. Aussi, aussitôt que l'enfant est né, on le *baigne* dans un bloc de bois creusé et rempli de neige ; on l'en frotte sans pitié ; puis la mère le lèche

BAINS DES GROENLANDAIS. 61

elle-même des pieds à la tête, et lui met un petit morceau de glace dans la bouche, afin de l'aguerrir de suite aux sensations les plus vives. C'est ainsi qu'on fait des hommes, dit le grand Jean-Jacques!

D'un peuple vigoureux ces mâles nourrissons
Sont trempés dans les eaux, plongés dans les glaçons;
La nuit, sur les frimas, l'enfant attend sa proie,
La suit avec ardeur, la rapporte avec joie.
Déjà sa main tend l'arc, dompte un coursier fougueux:
La peine est son plaisir, la fatigue ses jeux.

———

Les bains délicieux de l'Asie, où l'encens, la myrrhe et les parfums les plus exquis, concourent au double avantage de la santé et du plaisir, où la beauté puise un nouveau lustre, et restaure ses charmes par maints aromates salutaires, n'ont pas encore fait pénétrer leurs usages dans les mœurs tardives des grossiers et sales Groenlandais. Il faut convenir aussi que les aspérités du climat, l'ingratitude, la stérilité du sol, toujours captif sous des monceaux de neiges et de frimas, sont peu faites pour inspirer aux habitans la recherche des douceurs de la vie, puisqu'ici la nature, d'une main avare et glacée, leur accorde à peine le stricte nécessaire. On peut donc en conclure que la baignoire d'une petite-maîtresse Groenlandaise n'a rien de commun avec celle d'une galante parisienne, ou d'une fière beauté des harems de l'Egypte. Nous passerons sous silence mille et un usages malpropres, que la délicatesse de notre plume ne nous permet pas d'expliquer ici, pour aller droit à l'objet du bain chez les Groenlandais.

L'illustre voyageur, qui nous fournit ces détails, avance que, vers les côtes occidentales du Groenland, où l'on parvient par les mers du Dannemarck, et où encore quelques Colonies danoises se sont établies, on aperçoit à travers des rochers lambrissés de glaces éternelles, et des massifs de forêts de pins couronnés de neige, quelques cabanes éparses, qui ne portent ni noms de bourgs, ni même du plus chétif hameau : l'homme a fixé sa demeure dans ces contrées affreuses. Ces cabanes, bâties de tourbe, de terre et de mousse mêlées ensemble, sont quelquefois assez spacieuses pour renfermer plusieurs familles ; mais si basses, que c'est tout ce qu'on peut faire que de s'y tenir debout. Le toît est plat, formé par des lattes couvertes de gazon. Il n'y a des fenêtres que d'un côté : des membranes transparentes de boyaux de chien marin ou d'autres poissons, bien préparées et cousues ensemble, leur servent de vitres. La porte est si près de terre, qu'il faut, pour ainsi dire, ramper ou marcher à quatre pieds pour entrer dans la maison ; c'est pour se mieux garantir du froid. Elle est en face du midi, et fermée d'une peau de chien marin. L'intérieur de la chambre est tapissé d'autres peaux. Les lits de bois, couverts de peaux d'ours blancs, sont séparés par des poteaux comme des chevaux dans une écurie. Pour poêle ou cheminée, ils se servent d'une grande lampe dont la fumée noirâtre rembrunit tous les objets. Il y a une vaste cuve dans l'appartement où chacun, sans distinction de sexe, va lâcher de l'eau.

Si nous entrons dans ces détails, c'est pour arriver à cette cuve bannale qui est la baignoire favorite des dames groenlandaises. L'urine, qui, chez les Hottentots, sert d'aspersion religieuse pour sacrer un chevalier, ou consacrer le lit nuptial, l'urine, ici, est l'élément voluptueux des Groenlandaises pour le bain. Les filles, non-seulement se plongent nues dans cette cuve, mais encore elles s'en parfument les cheveux, dans la persuasion où elles sont qu'elles se donnent, pour leurs amans, l'odeur la plus agréable : c'est ce qu'on appelle en Groenland *sentir la pucelle*. Quand elles se sont ainsi tatouées et arrosé le corps et les cheveux, elles vont à l'air, dans le froid le plus piquant, et les laissent geler. *La même eau*, qui a servi pour la tête, est également employée pour *toute espèce* de toilette. La crème du Cathay, le lait virginal de Ninon de Lenclos, leur seraient offerts en vain; tant la force de l'habitude et des premiers goûts est puissante chez l'homme ! Aimables et délicates Françaises, vous secouez la tête, vous faites la grimace ; ce tableau vous répugne..... Allons, un peu plus de force d'esprit; notre but n'est-il pas de vous instruire des coutumes des différens peuples, en vous faisant passer la revue des bains de l'Univers ?........ Nous renfermant étroitement dans ceux de Paris, quel attrait auraient pour votre esprit curieux des détails qui se passent en quelque sorte tous les jours sous vos yeux?... Permettez donc, que, fidèles à notre plan, nous mêlions l'originalité, la bizarrerie de certaines mœurs, à nos tableaux variés ; c'est l'unique moyen de vous faire jouir, dans ces narrations hydrographiques, du *miscere utile dulci* d'Horace, et par de vifs contrastes, celui encore de vous faire goûter davantage le charme des scènes des bains fastueux de Sardis, et des thermes merveilleux de l'Arabie et de la Mecque. Heureux si, dans le cours de ces peintures hydrauliques, en quelque sorte balancées mollement comme sur une élégante gondole de Venise, vous vous plaisez dans la navigation, et vous vous écriez au bout du trajet : *Les Bains des quatre parties du monde, telle qu'une galerie tapissée de mille tableaux divers, laissent dans l'esprit d'agréables souvenirs!*

TRENTE-TROISIÈME TABLEAU.

PHÉNOMÈNES DES EAUX.

L'Islande présente une foule de singularités, entr'autres, trois sources chaudes, éloignées l'une de l'autre d'environ trente toises, et dans chacune desquelles l'eau bouillonne et s'élance alternativement. Quand la première a lancé l'eau, celle du milieu en jette à son tour, et ensuite celle qui se trouve à l'autre extrémité. La première recommence; la seconde continue; et ainsi successivement, toujours dans le même ordre, et avec la même régularité. Ces trois fontaines sont dans un terrain nu et découvert. Il y en a deux d'où l'eau sort entre deux crevasses, et pousse ses bouillons deux pieds plus haut que le terrain.

L'autre, au contraire, qui y paraît être un ouvrage de l'art, pratiquée dans une roche fort dure, ressemble à une cuve de brasseur, et porte son eau à la hauteur de plus de huit pieds. Les opérations de ces trois sources se font au moins trois fois dans un quart d'heure.

Mais voici quelque chose de plus singulier : Mettez cette eau dans une bouteille, sans la boucher, et vous l'en verrez sortir, à deux ou trois reprises, comme du vin de Champagne, au moment même où celle de la source éprouvera son bouillonnement. Ce jet continuera jusqu'à ce que l'eau de la bouteille ne soit plus chaude. Après la seconde ou la troisième effervescence de cette eau, elle commence à se refroidir et à devenir tranquille. Si vous bouchez la bouteille, après l'avoir remplie, elle éclate en morceaux dès que la source se remet à bouillonner. Jetez, dans cette même source, du bois ou quelque chose même de plus léger, elle l'entraînera au fond, comme si c'était ou du plomb, ou une pierre; mais aussi, lorsqu'elle recommence à rejeter l'eau, elle lance avec elle, sur ses bords, à plusieurs pas de son ouverture, des pierres qu'un homme même aurait peine à lever. Ces pierres causent d'abord un grand bruit dans la source; mais bientôt elles cèdent à la force du bouillonnement; et, malgré leur pesanteur, elles sont repoussées assez loin du bord. Cette eau est bonne à boire lorsqu'elle est froide; on a même remarqué que les vaches qui s'en abreuvent, donnent plus de lait que les autres, et que les terrains qu'elle arrose produisent de meilleurs pâturages.

 Ceux qui habitent près de ces fontaines bouillantes y font cuire leurs alimens : ils mettent leur viande dans une marmite, qu'ils suspendent dans la source, et elle est cuite en assez peu de temps. Les voyageurs y font du thé ; d'autres *se baignent* dans son eau, lorsqu'il s'en trouve de la froide dans les environs, pour en tempérer la chaleur. Un bain de cette espèce, ouvrage seul de la nature, ressemble à une grande cuve faite d'une seule pierre. Divers canaux, dont les uns fournissent de l'eau chaude, les autres de la froide, coulent dans ce bain, et semblent avoir été ménagés pour la commodité des baigneurs, tant il est aisé de les détourner à son gré. Au fond de ce réservoir est une ouverture, par laquelle on peut nettoyer, et y faire entrer de la nouvelle eau.

TRENTE-QUATRIÈME TABLEAU.

LE SUICIDE DANS LE BAIN.

M. DELILLE, en vouant *le suicide* aux tourmens éternels, traduit ainsi ce passage de l'ÉNÉIDE :

. . . .
Là, sont ces insensés, qui d'un bras téméraire,
Ont cherché dans la mort un secours volontaire,
Qui n'ont pu supporter, faibles et furieux,
Le fardeau de la vie imposé par les dieux.
Hélas, ils voudraient tous se rendre à la lumière,
Recommencer cent fois leur pénible carrière :
Ils regrettent la vie, ils pleurent, et le sort....
Le sort, pour les punir, les retient dans la mort :
L'abîme du Cocyte, et l'Achéron terrible
Met entre eux et la vie un obstacle invincible.

Telle était la religion des Païens, qu'ils considéraient le suicide comme le plus horrible des forfaits.

L'HOMME si ingénieux à augmenter les

douceurs de la vie, et qui sacrifie sans cesse, dans des combinaisons, dans des des travaux opiniâtres, plus de la moitié de son existence, dans l'espoir souvent trompé d'embellir l'autre moitié; parmi grand nombre de moyens auxquels il a recouru pour s'affranchir de la douleur de vivre, tels que le poison, le fer, la poudre, l'opium, l'asphixie, la transgulation, l'action incroyable d'avaler sa langue (ce qui est réellement arrivé quelquefois); l'homme, dis-je, a souvent terminé ses jours dans une paisible baignoire, en s'y ouvrant les quatre veines avec la pointe d'un acier tranchant. Ainsi, le bain, le plus doux auxiliaire de la vie, de la santé, devient ici, par une monstrueuse profanation, l'affreux, le sanglant cercueil d'un insensé qui voit insensiblement sa vie s'écouler, se mêler parmi l'onde innocente en teintes purpurines.....

L'athée, dans sa démence impie, se

baignant ici dans son propre sang, ne laisse pas, tenant encore à la vie par les liens de certains regrets invincibles, de chercher moins d'amertume, moins de douleurs, dans les causes de son criminel trépas. Ici il n'a pas peur de finir, mais de souffrir; et l'évanouissement presqu'insensible, la léthargie mortelle qui succèdent à l'effusion générale du sang, dans une eau tiédie qui affaiblit encore, doit être, en effet, une mort assez douce, semblable, dans ses atteintes, aux premières vapeurs du sommeil.

Cependant, quelque chose doit infailliblement épouvanter l'esprit d'une telle sorte de suicides; ce sera la tombe humide et ensanglantée dans laquelle l'infortuné se place... les premiers bouillons de son sang qui semblent murmurer contre l'*assassin de lui-même*.. Sans doute, dira-t-on, cet infidèle dépositaire d'un bien que Dieu lui a confié, fermera les yeux, rempli d'une secrète horreur; mais quel contraste affreux doit encore faire naître dans ses sens cette chaleur humide qui s'évapore, et réchauffe en vain un corps livide qui se glace!!!—De plus, si l'on envisage ici les idées d'existence ultérieure qui doivent affecter l'âme, lorsque nous nous plaçons en imagination vis-à-vis de nos semblables au-delà des barrières de la vie, qu'un suicide de cette espèce doit encore se faire horreur à lui-même !...

Celui qui se brûle la cervelle dans un bois écarté, du moins emporte souvent l'idée que sa dépouille méprisable, enfouie sous le feuillage, absorbée par toutes les causes de la destruction, échappera à la vue, à la censure des hommes ; mais quel aspect dégoûtant laisse après lui *le tableau du suicide dans le bain !*... Spectacle peut-il être jamais plus horrible? Nous ne citerons pas, et nous nous garderons bien de dire dans quel établissement ce crime fut quelquefois commis ; ce serait assez pour effrayer l'esprit superstitieux de nos timides Parisiennes, qui, dans leurs baignoires pourraient s'affliger, se frapper d'images pénibles ; nous dirons seulement, à la honte de la pauvre humanité, que ce forfait fut quelquefois commis par un joueur forcené, ruiné à la roulette ; par un malheureux misanthrope affecté du *spleen*, et las des tableaux de la vie, qu'il ne voyait plus qu'à travers les ombres épaisses de sa mortelle mélancolie. Qu'est-ce que l'homme n'a pas inventé pour son tourment, comme pour son bonheur ?

L'histoire a recueilli quelques traits d'hommes célèbres assassinés dans le bain, tels que Marat, d'infâme mémoire, poignardé dans le bain par une héroïne normande, *Charlotte Corday*.

On parle également d'une princesse sanguinaire, qui exista vers le dix-septième siècle, dont la criminelle volupté était de prendre des bains de sang : il disparut à cette époque un grand nombre d'enfans dont le sang servit, dit-on, à emplir la fatale baignoire !.,.

Sous un point de vue sanitaire il n'est pas douteux que le bain du sang d'un bœuf égorgé et encore tiède, a été indiquée par des médecins à des personnes attaquées de ptisie, comme pouvant raviver les organes étcints. Le célèbre Windslow a été plus loin; il a imaginé, pour un vieillard épuisé par l'âge, la transfusion du sang d'un jeune homme dans les veines de ce même vieillard, s'inoculant ainsi le feu d'une nouvelle vie; mais beaucoup d'hommes de l'art ont combattu cette innovation qu'ils traitent de chimérique.

TRENTE-CINQIÈME TABLEAU.

LA BAIGNOIRE D'AIRAIN,
OU LE SUPPLICE DE PHALARIS.

Parmi un trop grand nombre de monstres à figure humaine, qui se sont *baignés dans le sang*, tels que des satrapes de l'Asie, qui se faisaient un jeu de la vie de leurs esclaves, nous citerons cette princesse de Sardis, qui jouait au dèz la tête des eunuques de son sérail, et l'horrible *Caligula*, dont la volupté atroce consistait à faire rouler des têtes sanglantes sur un parquet, et qui se plut souvent à en menacer sa maîtresse : « *Quand je le voudrai, lui disait-il, avec un rire amer, cette belle tête roulera dans des flots de sang.* »

Parmi une quantité de scélérats illustres, Tibère, l'épouvantable Tibère, dont l'ingénieuse férocité lui avait fait naître l'idée d'attacher des femmes nues à d'énormes chaînes, puis de s'affubler d'une peau de tigre pour les déchirer de ses propres ongles.... Néron, le monstrueux Néron, qui, ainsi que Caligula, prit des *bains de sang*, jouent un rôle affreux dans les fastes de l'antiquité romaine.

Nous citerons aussi ce tyran d'Agrigente, le roi *Phalaris*, qui eut l'infernale imagination de faire fabriquer en airain un taureau colossal dont les flancs s'ouvraient à volonté. Ses victimes une fois placées dans cet horrible cercueil, des bourreaux allumaient dessous les flancs du taureau des brasiers ardens; et les délices de ce monstre étaient de jouir des gémissemens, de l'agonie épouvantable de ces infortunés, dont les cris s'exhalaient en longs déchiremens par les narines ouvertes de l'animal. Quelquefois encore ce même Phalaris avait la barbarie de faire emplir d'eau cette baignoire homicide, puis donnait ordre qu'on la fît bouillir par le même procédé..... Maint infortuné y périt dans les tourmens les plus douloureux. *Pérille*, l'artisan, qui, pour seconder la cruauté de Phalaris, avait inventé cette machine, en fit, à ses dépens, le premier essai.

L'histoire de France parle aussi d'une femme cruelle (la reine Brunehaut), dont le goût monstrueux était *de se baigner dans le sang* même de plusieurs de ses amans, égorgés à la fois sous ses yeux, et de se plonger nue dans ces ondes purpurines et fumantes......

C'est sous le règne de cette odieuse princesse qu'il disparaissait un si grand nombre d'enfans.

Dans la conspiration de Catilina, les conjurés poignardèrent un esclave, et remplissant une coupe de son sang, ils burent tous à la ronde, pour s'unir par ce lien sanglant de complicité, et sceller leur serment de cette horrible garantie.

Mezence, roi des Tyrrhenciens, surpassa peut-être en barbarie tous ces monstres de l'antiquité.

. . . . — . . — . . . . — . .
Comment peindre l'horreur de son règne odieux !
Puisse tomber sur lui la vengeance des cieux !
Ce monstre, joignant l'art avec la barbarie,
D'un tourment tout nouveau repaissait sa furie :
Des vivans joints aux morts sur des lits inhumains,
La bouche sur la bouche, et les mains sur les mains,
Tout dégoutans d'un sang qui faisait ses délices,
Mouraient d'un long trépas dans ces affreux supplices ;
Et le monstre auprès d'eux goûtait tranquillement
De ces corps déchirés l'horrible accouplement.
Son peuple enfin lassé du poids de tant de crimes,
S'arme contre un tyran ; et vengeant ses victimes,
Egorge ses amis, assiége son palais,
Et livre au feu vengeur ce séjour des forfaits.

Enéide.

Nous n'avons pas cru ce morceau étranger à nos Bains ; et si, d'un côté, nous faisons connaître toutes les recherches du luxe et de la volupté, d'un autre, nous ne voulons pas laisser ignorer tous les déréglemens de l'esprit humain, quand, se précipitant dans les monstrueux sophismes de l'infâme D***, les voluptés d'un despote ont pour instrumens la hache et le cimetère d'un bourreau.

TRENTE-SIXIÈME TABLEAU.

DES BAINS EN GÉNÉRAL (1).

Simplex munditiis.
HORAT., Od. I.
Elégant par la propreté.

Adisson de ce siècle, habile observateur,
DE JOUY, daigne agréer ce pur mais faible hommage:
Le sentiment te l'offre; et sous un vers flatteur
L'esprit ne dément pas ce sincère langage.

Tompson, Stern et Mercier firent d'heureux portraits;
D'un pinceau plus léger tu passas tes modèles.
Il nous semble admirer le coloris d'Apèles
Animant des dessins composés par Vernet.

D'une touche ingénue effleurant la surface,
Sans jamais nous blesser, tu dépeins nos travers,
En *ermite* indulgent, qui préfère la grâce,
La douceur de Dryden au poignard de Gilbert.

---

(1) Ce morceau est extrait des œuvres de M. de Jouy, et nous nous sommes permis de le placer dans ces feuilles, dont il fera sans doute le principal ornement.

Ta bonté me sourit : mais parmi ces bluettes
Ne reconnais-tu pas un indiscret larcin ?
Va, ce n'est qu'un vain geai, paré de tes aigrettes,
Ou bien un seul brillant tiré d'un riche écrin.

J'AI fait une première campagne en Amérique avec un chevalier qui, je crois, vit encore, et que, par cette raison et par analogie à ses goûts, j'appelerai *Thermopiles*. Il n'avait alors guères moins que cinquante ans, et force était de croire qu'il avait passé la plus grande partie de sa jeunesse à la cour, car il le répétait à tout propos. Le capitaine du bâtiment sur lequel nous étions embarqués, par égard pour une recommandation puissante dont le chevalier était porteur, lui avait donné la plus belle chambre de la *Dunette;* il en avait fait un vrai boudoir. Chaque jour, à l'heure du dîner, on le voyait paraître habillé, coiffé, parfumé, comme il aurait pu l'être dans un repas de cérémonie. La conversation, dont il se chargeait volontiers, roulait toujours sur ses aventures de Paris et de Versailles, et sur les bonnes fortunes sans nombre dont il avait été le héros. Comme il avait pour auditeurs des jeunes gens très-disposés à le croire, et de vieux officiers à qui les manœuvres de leur vaisseau étaient plus familières que les usages de l'*OEil-de-Bœuf*, le chevalier avait beau jeu à nous parler des carrosses du roi *où il avait monté*, des parties de Choisy qu'il avait faites, de sa petite maison du faubourg, et des femmes *de la plus haute qualité* qu'il avait eu l'honneur d'y recevoir. Je me souviens que le *baigneur* jouait un grand rôle dans presque tous ses récits, et qu'il prononçait le nom de *Briel* avec un souris presque malin, qui donnait sa figure une expression sublime de suffisance et de fatuité.

L'avantage que Paris avait dès lors de posséder deux ou trois chétives maisons de bains, établissait, aux yeux du chevalier, la supériorité de cette ville sur toutes les capitales du monde ancien et moderne. L'aumônier du vaisseau, qui avait autant d'instruction que Thermopiles avait d'assurance, l'étonna beaucoup en lui prouvant à quel degré de barbarie nous en étions encore, lorsque l'on comparait, sous ce point de vue, nos usages avec ceux des anciens. « Quelle comparaison établir, lui disait-il, entre ce chaudron ovale de cuivre, ou ce baquet de bois que vous appelez *une baignoire*, dans lequel une anguille aurait peine à se retourner, et les *sept chambres de marbre* dont se composaient les bains des Grecs, qui toutes avaient un nom et une destination particulière, et au sortir desquelles, on se faisait frotter et parfumer d'huiles et d'essences précieuses! » M. le chevalier ne sait peut-être pas, continua-t-il, que, sous les empereurs, on comptait à Rome sept ou huit cents maisons de bains, où les raffinemens, les recherches du luxe, étaient pour tés à un point dont rien, dans nos mœurs, ne peut donner l'idée? M. le chevalier ne sait peut-être pas que ces établissemens étaient autrefois beaucoup plus communs, beaucoup plus magnifiques en France, qu'ils ne le sont aujourd'hui; qu'il en existait jusque dans les couvens, comme nous l'apprend Grégoire de Tours; et qu'une des excuses que les religieuses de Sainte - Croix de Poitiers alléguaient pour s'être sauvées de leur monastère, était qu'on ne s'y comportait pas *dans le bain* avec assez de modestie? M. le chevalier ne sait peut-être pas..... M. le chevalier sait tout cela, interrompit Thermopiles, avec humeur, mais il ne le croit pas.

Quoi qu'il en soit, les anecdotes que celui-ci racontait sans cesse, et dont le lieu de la scène était toujours chez le baigneur, les *Mémoires de Bussy-Rabutin,* dont je faisais alors mes délices, avaient fini par me persuader que les maisons de bains étaient, à Paris, le rendez-vous de tous les plaisirs, et qu'un homme comme il faut devait y passer toutes ses matinées.

L'expérience me détrompa sur ce point comme sur beaucoup d'autres. Lorsque j'arrivai dans cette capitale, il y a vingt-cinq ans, il n'était plus question de parties fines chez les baigneurs, et les maisons de bains n'étaient encore remarquables ni par le nombre, ni par l'élégance, ni même par la commodité ; mais on y parlait déjà des bains orientaux (connus depuis sous le nom de *Bains Chinois*), dont l'architecte, M. Lenoir, venait de donner les dessins. Une construction bizarre, un emplacement heureux, un service bien entendu; et, par-dessus tout cela, le mérite de la nouveauté, procurèrent à cet établissement une vogue qu'il a perdue et reconquise plusieurs fois. Les femmes, qui se baignaient habituelle ment chez elles, adoptèrent une mode dont l'économie n'était pas le seul avantage, et cette mode finit par passer dans les mœurs.

Dans l'espace de quelques années, le luxe et le nombre des maisons de bains augmentèrent considérablement. Aucune voix ne s'éleva contre un usage dont l'abus même est sans inconvénient. Aristote appelle la propreté une *demi-vertu*; et le sage Adisson, qui la recommande comme une preuve de politesse et un moyen de faire naître l'amour, y trouve, en outre, une sorte d'analogie avec la pureté du cœur : on peut ajouter qu'elle tient son rang parmi les agrémens de la vie, et qu'elle est d'un grand secours pour la santé.

Vingt établissemens, plus brillans les uns que les autres, se sont formés successivement. *Poitevins* avait donné le signal, et ses bains avaient remplacé ces bateaux incommodes, établis sur la rivière. Ceux de *Vigier*, dès leur origine, le disputèrent avec ce qu'il y a de mieux dans ce genre en Europe : ils ne jouissent néanmoins que d'une vogue un peu plébéienne, et ne sont guères fréquentés que par les bourgeois du faubourg Saint-Germain. Les *Bains Chinois* ont attiré long-temps la foule élégante de la Chaussée-d'Antin. Les *Bains Montesquieu* se distinguent surtout par leur noble construction ; une entrée dessinée sur la façade d'un temple grec, des peintures allégoriques qui ornent le vestibule, et qui rappellent celles que l'on voit au *Cassino ;* un jardin plus joli que vaste, que l'on aperçoit de la rue, et autour duquel tournent les cabinets, tout concourt à faire remarquer cet établissement, où l'on a peut-être trop sacrifié aux apparences extérieures. Les *Bains Saint-Sauveur* et *Saint-Joseph* vivent sur leur ancienne renommée, et continuent à faire les délices des quartiers Montmartre et Saint-Martin. Le Marais a ses *bains*, comme son café *Turc ;* et, depuis que ces deux établissemens publics sont en faveur, il est rare qu'un habitant de la rue de Vendôme *s'égare* dans sa promenade jusqu'au boulevard italien.

Je passe sous silence un grand nombre de maisons de bains subalternes, et je me contente de dire un mot de l'*Ecole de natation*, que les perfectionnemens de toute espèce, une méthode d'instruction plus prompte, un local vaste et commode, des secours infaillibles, ont mis au rang des établissemens les plus utiles et les plus fréquentés de cette capitale. Je me hâte d'arriver aux *Bains de Tivoli*, qui réunissent, à tous les agrémens que l'on trouve dans les autres, des avantages qu'on chercherait vainement ailleurs, et qui assurent à cette maison de bains une supériorité décidée sur toutes celles de l'Europe. On y administre les bains ordinaires, les bains d'eaux minérales factices, et les bains de vapeurs.

Les Romains, au rapport de Pline, faisaient un grand usage des eaux minérales; de là vient qu'ils avaient à Baie des maisons de campagne délicieuses, où les personnages les plus importans se rendaient à certaines saisons de l'année. Ces eaux sont un bienfait de la nature, dont les anciens aimaient à profiter.

Les progrès de la chimie moderne ont donné les moyens d'imiter les eaux minérales naturelles, avec cet avantage qu'il est possible de les purger d'une foule de principes hétérogènes qui peuvent contrarier les indications médicinales. Celui qui prescrit les eaux minérales factices peut donc varier à son gré le nombre des proportions de leurs élémens, selon la nature de l'infirmité, selon le tempérament et l'âge des individus.

Le nombre des malades qui viennent chercher leur guérison aux bains de Tivoli s'accroît tous les ans; cette remarque est une preuve infaillible de leur efficacité. Les blessures de nos guerriers, les rhumatismes de l'âge mûr, les paralysies de la vieillesse, les affections nerveuses des femmes, dont une extrême civilisation tend à augmenter le nombre; y trouvent les secours, le traitement et le régime qui leur sont propres.

Ce qui a peut-être contribué plus que toute autre chose au succès de cet établissement, ce sont les traitemens de la maladie de peau, opérés et suivis par le docteur Alibert, le médecin de l'Europe à qui cette partie de l'art est le plus redevable. Quelle reconnaissance ne lui doivent pas nos dames pour les réparations heureuses qu'il parvient à opérer dans la fraîcheur de leur teint, que tant de circonstances contribuent à altérer!

Les bains de vapeurs à *l'orientale*

sont indiqués dans un grand nombre de maladies, et l'habitude finit par en faire un plaisir : on les administre à *Tivoli* dans trois pièces qui communiquent ensemble. La température est modérée dans la première ; le malade s'y déshabille, se couvre d'un peignoir, et passe dans une seconde chambre, dans laquelle le thermomètre marque vingt-cinq degrés de Réaumur. La chaleur, qui augmente graduellement jusqu'à trente-six et même quarante degrés, ne tarde pas à procurer au malade une abondante transpiration ; je n'entrerai pas dans de plus longs détails sur une pratique bien connue de ceux qui en font usage, et de peu d'intérêt pour les autres.

Pour compléter le système de leurs bains, les administrateurs de Tivoli viennent d'y établir des bains d'*ondées* ou *par arrosement*, d'après la description qu'en donne M. le duc de Lévis, dans son excellent Ouvrage sur l'Angleterre.

Dans un pays où les apparences ont tant de réalité, on ne peut trop féliciter MM. Tryaire et Jurine (propriétaires des bains de Tivoli), du soin avec lequel ils ont écarté de leur établissement, non-seulement tout ce qui pouvait donner l'idée d'un hôpital; mais encore ce qui pouvait rappeler aux yeux qu'on était dans une maison de santé. Peut-être même, à cet égard, le succès a-t-il surpassé leurs espérances, puisque les personnes les mieux portantes disputent souvent les logemens aux malades dans cette maison, où l'on trouve tous les secours, toutes les douceurs de la société la plus agréable, et tous les agrémens de la ville et de la campagne.

BAINS
DE
L'ASIE.

BAINS DE L'ASIE.

INTRODUCTION.

Rome, Athènes et toute l'antique Grèce, ont eu des bains de la plus grande magnificence; la volupté elle-même en avait dirigé la superbe ordonnance, de concert avec la déesse Hygie; mais, malgré toutes les relations que nous laissent Pline et Plutarque sur la beauté merveilleuse de ces bains, ceux de l'Asie semblent l'emporter encore, soit dans les siècles anciens, soit dans les siècles modernes, par l'élégance de l'architecture, les recherches du faste, la finesse des parfums et des cosmétiques. On sait que les Romains et les Grecs ne contractèrent des mœurs efféminées, que par le résultat de leurs conquêtes en Asie, où ils échangèrent imprudemment leur mâle courage contre les roses du plaisir et les pavots dangereux du luxe. Les *Phocions* d'Athènes firent place à un grand nombre d'*Alcibiades*; et la corruption contagieuse des Sybarites vainquit une république qui avait triomphé des plus grands dangers de la guerre. Qui ne se rappelle que le grand Annibal éteignit sa gloire et perdit Carthage, en se laissant subjuguer par les délices des Bains de Capoue?

GÉOGRAPHIE.

L'Asie, une des plus grandes parties du monde, après l'Amérique, est séparée de l'Europe par la Méditerranée, l'Archipel, la mer Noire; de l'Afrique, par la mer Rouge; de tous les côtés elle est baignée par les mers de l'Océan. Les langues qui y ont le plus de cours sont l'Arabe

INTRODUCTION. 99

les langues chinoise, tartare, japonaise, arménienne, etc.; les cultes principaux sont le Paganisme, l'Idolâtrie, le Mahométisme et le Judaïsme. Les anciens pensent qu'elle a pris son nom de la nymphe *Asia*, mère de Prométhée et femme de Japhet.

MŒURS ET COUTUMES.

Les personnes les moins instruites ont une connaissance vague des usages de l'Asie. Les mots de *sérail*, de *sultane favorite*, d'*eunuques*, ont souvent retenti à leurs oreilles; et leur imagination, séduite par l'ouvrage ingénieux des *Mille et une Nuits*, des *Lettres persanes* de Montesquieu, se crée des tableaux plus ou moins justes de ces nations : cependant, avec de pareilles instructions, on n'a que des peintures mensongères, et la vérité reste au fond du puits : on en trouve à peine quelques traits, encore travestis, dans les relations des célèbres Voyageurs; mais nos légères Parisiennes demeurent effrayées à l'aspect de ces terribles *in-quarto*, et les détails astronomiques et maritimes de navigation, qui accompagnent leurs discours, leur paraissent si fastidieux, qu'elles jettent là le narrateur dont on ne peut arracher un fait curieux qu'à travers l'explication prolixe des degrés de longitude et de latitude, des expressions techniques de la manœuvre du vaisseau, et de maints exordes dans lesquels on entrevoit rarement un aperçu intéressant des mœurs des peuples. Ces œuvres, qui ne tendent qu'à l'utilité et non aux formes romanesques, sont, sans doute, très-méritoires; mais nous qui ne tendons ici qu'à l'agrément, et qui voulons que notre Voyage universel dans les bains de l'Univers, puisse entrer avec ses gracieuses gravures dans la gibecière d'une jolie femme, nous n'irons pas accabler son esprit d'un fatras de science hors de sa place ; et semblables au papillon léger qui n'effleure que le calice des roses et le suc des plus beaux fruits, nous tâcherons de l'imiter, et, d'une plume légère, nous nous bornerons à esquisser à grands traits. Que la savante ait donc recours aux grandes bibliothèques, nous n'écrivons pas pour elle. Il ne conviendrait pas de donner pour *le Bain* un livre entièrement scholastique. Ce n'est pas la férule d'un pédant qu'il faut ici, mais des essences à flots; et tout doit y respirer le luxe enchanteur de Cléopâtre et de l'immortelle Sémiramis.

Des quatre parties du monde, l'Asie présente à nos pinceaux la palette la plus brillante, la plus riche en couleurs: les pierreries, l'or, les broderies les plus somptueuses, les parfums, les marbres les plus rares, les perles, les mines les plus fécondes en toutes sortes de productions, offrent un amas éclatant de richesses de toute nature. Les lions, les tigres, et surtout les éléphans de toutes couleurs, y abondent; ces derniers ont des esclaves et un rang à la cour du Grand-Mogol.

. . . .
L'admirable éléphant, dont le colosse énorme
Cache un esprit si fin dans sa masse difforme;
Que, pour son rare instinct, dans un corps si grossier,
Presque pour ses vertus, adore un peuple entier;
L'éléphant, en un mot, qui sait si bien connaître
L'injure, le bienfait, ses tyrans et son maître.

Les trois règnes, chant VII.

La beauté, en Asie, est esclave; mais que cette servitude a de faste! Tout nous sourit dans ces contrées; et les costumes seuls de Bagdad, de la Perse, d'Ispahan, de l'Arabie, imités sur nos théâtres, sont capables de faire tourner la tête à une jolie femme. La liberté, on ne peut le dissimuler, est ravie aux belles Géorgiennes; *un mouchoir* impudique leur est fièrement jeté par un soudan peu délicat, qui a sottement mis ses amours à l'encan dans un bazar de voluptés mercantiles. Mais si dans ces lieux une femme ne jouit pas de toute la latitude de ses droits, elle ne partage pas non plus le fardeau des affaires domestiques ; sa jeunesse, sa beauté ne sont pas sacrifiées, comme à Paris, dans un comptoir laborieux, et elle peut, dans la douce oisiveté du sérail, contempler, au sein du repos et de la coquetterie, le fleuve de ses jours qui s'écoule sur des rives émaillées de fleurs. A quelque contrainte près, cette vie n'est-elle pas préférable à l'autorité fatigante d'une Parisienne sur qui pèse toute l'administration de la maison, et qui immole chaque jour sa fraîcheur, ses attraits au casse-tête des spéculations, et qui, dans une mortelle journée, n'a pas un pauvre petit instant pour voir dans son miroir qu'elle est belle?... Ah! c'est à n'y pas tenir! — Ainsi, en établissant la balance des compensations, les femmes de l'Asie auraient donc plus de part que les Françaises au genre de bonheur qui convient le plus au beau-sexe? Nous ne trancherons pas la question, et nous laisserons à nos lectrices le soin amusant de résoudre ce galant problème.

TRENTE-SEPTIÈME TABLEAU.

BAINS DE LA TURQUIE.

Les obligations que notre titre nous impose, de traiter non-seulement LES BAINS DE PARIS, mais encore ceux des quatre parties du monde, nous font considérer, comme une véritable bonne fortune, la description des bains de la ville de *Brousa* en Turquie, non loin des superbes rivages du Bosphore, ainsi que celle de tant d'autres harems, où toutes les voluptés du bain ont été poussées à un degré que les Orientaux peuvent seuls imaginer En effet n'est-ce pas. dans l'Asie (qu'on pourrait appeler *la parfumerie de l'univers*), où la beauté des femmes, surtout en Géorgie et en Circassie, tient le premier rang ; n'est-ce pas, dis-je, principalement dans la Perse, l'Arménie et le royaume de Golconde, que nous devons, de préférence, chercher des modèles et des théâtres pour nos pinceaux?

La ville de *Brousa* est aujourd'hui une ville considérable qui peut avoir deux lieues et demie de circonférence : elle est dans une situation agréable, au pied du mont Olympe. Cette montagne est la plus haute de la Bithynie, et même de toute l'Asie mineure. On voit encore à Brousa les mêmes murailles que sous les empereurs grecs. Les Turcs n'ont point voulu les détruire par respect pour Orkan, leur premier sultan, qui mourut dans cette ville, et y est enterré. Le mausolée de ce prince est placé dans une belle mosquée, dont tout le chœur est de marbre.

A une demi-lieue de Brousa, dans le village de *Capligi*, sont des bains d'eau chaude fort renommés dans tous les environs. Les Turcs y ont construit plusieurs édifices, dont les moindres sont pavés et lambrissés de marbre. Le principal de tous, qu'on appelle *le grand bain*, est un bâtiment surmonté d'un dôme comme les mosquées. Il est orné en dedans de marbre et de porphyre. L'eau qui coule dans les bassins est naturellement d'une chaleur si violente, qu'on a été obligé d'y conduire un filet d'eau froide pour la rendre plus supportable. Ces bains sont très-fréquentés, et on les prend avec succès dans certaines maladies.

Les plus beaux bains des principales villes de Turquie, sont entièrement semblables à celui-ci, et, en le faisant connaître, nous aurons à peu près réussi à donner une idée générale de tous les autres.

Il est composé de deux grandes salles couvertes en voûtes, embellies de tables et de colonnes de divers marbres,

Chacune de ces salles a plusieurs petits cabinets destinés à différens usages. Au milieu de la première est un grand bassin de porphyre; et, dans un des angles, est placé un fourneau qui sert pour sécher le linge de ceux qui viennent se baigner. Le long des murs sont rangés, de distance en distance, plusieurs siéges couverts de tapis, sur lesquels on se déshabille. Quand on s'est bien lavé dans le bassin, on passe dans une petite salle fort chaude, où l'on sue tant qu'on le juge à propos. On va de là dans la seconde pièce du bain, où est un grand bassin de marbre, et, tout auprès, une large table de même matière, sur laquelle on se couche, pour se faire tirer et étendre les membres. A cette opération en succède une autre, qui se fait dans un cabinet voisin, médiocrement échauffé. On se rase le poil par tout le corps, ou bien on le fait tomber avec une sorte de pâte appelée *rusma* :

après quoi, les mêmes valets qui ont étendu les jointures, viennent vous frotter depuis les pieds jusqu'à la tête, avec un morceau d'étamine ou de camelot.

Voilà, cher lecteur, le tableau le plus exact qu'on puisse donner des bains de la Turquie. Nous ne devons pas cependant omettre de parler du plus beau spectacle, du coup d'œil le plus ravissant qui soit dans la nature; nous voulons dire de ces rendez-vous galans des dames turques aux bains publics. Ces détails nous ont été transmis par une Française qui, prise par un forban de Tripoli, ayant été vendue comme esclave à un marchand de Smyrne, fut employée par la suite au service du sérail; car un homme qui oserait pénétrer dans ces assemblées de femmes, serait sur-le-champ empalé.

Quand le temps du bain est venu, les dames turques s'y rendent chacune avec une esclave, couvertes de deux voiles, dont l'un cache tout leur visage, à la réserve des yeux, et l'autre couvre leur coiffure et pend par derrière; en sorte qu'il est impossible de distinguer la maîtresse de la suivante.

Arrivées aux bains, elles quittent toutes leurs simarres, leurs derniers voiles.......; et dans l'état de nature, semblables aux Grâces, ou telles qu'on nous dépeint les déesses du Paganisme, elles passent quatre heures de suite, occupées chacune selon son goût. Les unes, couchées négligemment, s'entretiennent des nouvelles de la ville, tandis que leurs esclaves, qui sont de jolies filles de dix-sept à dix-huit ans, assises derrière elles, et toutes nues comme leurs maîtresses, s'occupent à tresser leurs cheveux; d'autres se promènent majestueusement dans le bain; quelques-unes prennent du sorbet, ou s'appliquent à des ouvrages de broderie. Elles ne sont jamais moins de deux cents.

Qu'on juge si le spectacle de tant de beautés réunies et entièrement découvertes, a rien qui puisse lui être comparé!... C'est une partie de plaisir pour les femmes, privées d'ailleurs de tout autre amusement. Elles rient, elles chantent, elles jouent, elles folâtrent ensemble comme des enfans ; mais la malheureuse influence du climat et les goûts bizarres et *saphiques* de quelques-unes d'entre elles, rendent quelquefois ces jeux moins innocens, et leur font recourir à des *voluptés solitaires,* au sein desquelles les réalités du plaisir sont imitées par des complaisances mutuelles...

Le bain, en Turquie, est encore le théâtre du luxe, comme il est celui des grâces et de la beauté. Le fard, le carmin, la céruse, les huiles balsamiques, les pâtes acéteuses, les essences, les perles, les bijoux, les étoffes de velours, de soie, brodées et couvertes de paillettes les mousselines des Indes, et les plus riches cachemires y sont étalés sur de magnifiques toilettes. C'est là que les femmes se disputent le prix de la vanité, de la coquetterie et des beautés *les plus secrètes* du corps. Celle ci rivalise pour la petitesse, la blancheur et l'élégance du pied, le fini des ongles qui ressemblent à de la nacre de perle ; celle-là prétend l'emporter par l'éclat satiné de sa peau, de son sein d'albâtre sur lequel des filets azurés se promènent comme sur des globes d'ivoire. Cette autre nymphe, droite et souple comme un roseau, fait admirer la brillante harmonie de ses formes. C'est une lutte de nudités à nudités où l'amour-propre fait entièrement oublier les inconvenances et l'indécence de pareils défis.

TRENTE-HUITIÈME TABLEAU

BAINS DE LA MORÉE ET DE LA GRÈCE.

Les femmes des Grecs Moraïtes méritent en général le prix de la beauté, et peut-être la palme de la vertu : elles doivent le premier avantage à des causes physiques qu'il serait possible d'assigner. Pendant la plus grande partie de l'année, le soleil échauffe la Morée de ses feux ; l'air dégagé d'humidité, chargé du parfum des fleurs, est pur et vivifiant; la température douce, le ciel serein comme à Memphis, ou comme dans nos climats aux plus beaux jours du printemps ; si l'on tient compte ensuite du travail modéré, de la vie réglée qui partage le temps des femmes en Orient, on verra, dans ces causes réunies, la source de la beauté, qui, de tout temps, a distingué les femmes de l'ancien Péloponèse.

Les modèles qui inspirèrent Apelles et Phidias, se retrouvent encore aujourd'hui chez les Grecques : généralement grandes, leurs formes sont nobles, leur œil est rempli de feu, et leur bouche, ornée de belles dents, semble provoquer le baiser. Cependant elles se nuancent comme les pays qu'elles habitent, quoique conservant toujours un fond inaltérable de la beauté commune. La fille de Sparte est blonde; sa taille est svelte, sa démarche noble; celle des montagnes de Taygète a le port et l'attitude de Pallas, quand cette divinité agite ses armes et l'égide épouvantable au milieu des combattans. La Messénienne est petite, chargée d'embonpoint, a de la grâce dans les traits, l'ovale de la figure régulier, de grands yeux bleus, de longs cheveux noirs; et quand elle foule le gazon de ses pieds, on la prendrait pour Flore au milieu des prés émaillés de fleurs. L'Arcadienne, enveloppée dans sa bure grossière, laisse à peine apercevoir la régularité de sa taille; sa tête est pure, et son sourire est celui de l'innocence. Les femmes de l'Archipel, excepté celles de Naxos, n'offrent rien d'aussi intéressant, et je me hâte de placer ici le portrait d'une jeune Ionienne :

» Elle vous présente (dit M. Guys, célè-
» bre voyageur), sans y penser, les mouve-
» mens et les situations les plus favora-
» bles à l'imitation. En sortant de son lit,
» elle s'assied, s'allonge, relève ses genoux
» penche la tête, l'appuie sur une main;
» et jetée nonchalamment sur son sopha,
» prend successivement toutes les atti-
» tudes de la simple nature.....

» Elle s'endort dans la chaleur du jour,
» et une esclave, qui est à ses genoux,
» tient un éventail pour la rafraîchir :

» elle s'étend, et sa tête soutenue par ses
» deux mains, qui se joignent sur le som-
» met, est appuyée sur un carreau... Elle
» prend son miroir, la corbeille où sont
» ses ajustemens ; elle compose pour s'a-
» muser la coiffure la plus haute que portent les Grecques, et couronne sa tête
» de lilas, de roses et d'acacia.....

» *Elle va au bain :* elle prend sa che-
» mise de gaze des mains de l'esclave ; elle
» marche majestueusement, parfumée
» d'essences. Le soleil s'approche de l'ho-
» rizon, l'ombre descend dans la prairie:
» la jeune Grecque impatiente s'y montre,
» y accourt ; elle folâtre à l'aspect de la
» danse ; elle court comme Athalante. »

Cette esquisse est délicate et agréable:
l'auteur offre sans-doute l'original d'une
courtisane occupée d'allumer les désirs
d'un Oriental déjà fatigué de plaisirs. Les
femmes grecques Moraïtes, même les
lus riches, sont fort éloignées des soins

de cette nature. Chastes lorsqu'elles sont filles, pudiques et fidèles lorsqu'elles ont serré les nœuds de l'hymen, elles ont dans le caractère certaine austérité qui repousse toutes les atteintes de la volupté asiatique. Rarement après la mort de l'époux qui fut le choix de son cœur, voit-on une Grecque Moraïte contracter un nouvel engagement. Ces âmes tendres supportent difficilement la perte de celui qu'elles ont aimé, et souvent elles passent le reste de leurs jours à le pleurer.

Des étoffes de prix ne servent point à les parer, si on en excepte les schals précieux de l'Inde, réservés aux femmes opulentes.

Douées d'organes sensibles à la mélodie, elles chantent en s'accompagnant d'un *tétrachorde*, dont les sons soutiennent leur voix. Dans leurs chansons, elles n'exaltent point les faveurs de l'amour, elles n'accusent point l'inconstance ou les froideurs d'un amant : c'est plutôt un jeune homme qui sèche d'amour *comme l'herbe des toits*, qui se plaint de la cruauté de son *inflexible amante*, qui se compare aux oiseaux privés de leurs compagnes, à la tourterelle solitaire, enfin, qui convie la nature entière à partager son deuil et son affliction. A ce long récit de peines, les compagnes attentives de la cantatrice sont vivement émues ; elles s'attendrissent, pleurent, et se félicitent, en se retirant, d'avoir passé un instant agréable à leur manière.

Cependant, si les femmes grecques ont reçu de la nature la beauté en partage, privées de toute espèce d'instruction, elles sont incapables de soutenir une conversation intéressante, et ne rachètent en aucune manière leur défaut d'éducation ou d'enjouement, par cet esprit particulier aux Françaises, qui enfante des saillies, et leur donne dans le monde entier une supériorité incontestable. En effet, l'amour vient-il à s'assoupir dans les langueurs d'une félicité parfaite, la folie, le tendre badinage le réveille.

Une remarque que je ferai encore, c'est que les *carreaux* ou *sophas* sont immobiles dans l'appartement d'une Grecque; ce sont comme des banquettes circulaires qui vous obligent de rester à la place que vous avez prise; au lieu que la mobilité bruyante de nos fauteuils, de nos chaises, communique dans nos salons une vie active, une existence tumultueuse, qui ne laisse pas d'augmenter le diapason animé de la scène. Les meubles et les costumes influent beaucoup plus qu'on ne pense sur les dispositions de notre esprit. Ne pourrait-on pas comparer un salon français à un échiquier dont les automates, sans cesse remuans, obéiraient à des fils invisibles? Ne prenons pas cependant cette expression *automate* dans son acception désagréable. Voltaire, il est vrai, ne tâtonne pas, et nous traite bien clairement de *marionettes*, en beaux vers alexandrins; mais on peut passer cette licence à ce grand homme.

BAINS DES FEMMES TURQUES.

Nous n'envisagerons ici ce côté de leurs mœurs, que sous le rapport odieux dont nous allons parler. Nous décrirons également l'usage du bain chez les femmes grecques ; car il faut bien se garder de les confondre avec les premières, qui pratiquent le Christianisme, sauf quelque idolâtrie, tandis que les autres suivent le culte de Mahomet.

Qui croirait que, sous le même ciel, la nature des institutions détermine d'autres mœurs chez les femmes turques? Rarement, comme les Grecques, elles ont un grand nombre d'enfans ; ce qu'il faut attribuer, d'une part, à la *polygamie;* de l'autre, à l'*art effroyable des avortemens* qui leur est très-familier. Dans aucune nation, ses effets ne furent aussi fréquens, aussi funestes, ni si solennellement consacrés!.. *Le bain* que nous avons présenté sous tant de faces, comme l'initiative de l'hymen, comme cérémonies funèbres, purifications religieuses, usage voluptueux, acte d'hygiène; *le bain,* dis-je, devient ici le complice du plus horrible des forfaits; l'eau prête ses ondes innocentes à l'infanticide, et l'élément le plus bienfaisant de la nature se transforme en quelque sorte en une liqueur homicide....

Ces avortemens, à Constantinople, sont d'ailleurs avoués publiquement dans la famille du sultan, qui condamne à la stérilité ses sœurs et ses nièces; et ces moyens affreux de dépopulation sont imités dans les différentes classes de la société. Si un Turc soupçonne la fidélité de ses femmes, elles ne balancent pas à commettre ce crime; elles s'y livrent même et sans remords, dans la seule vue de conserver leurs attraits, et de ménager cette beauté qui leur donne l'empire sur des rivales avec lesquelles elles ne cessent d'être en guerre.

Quant aux procédés qu'elles emploient, puissent-ils demeurer ensevelis dans un profond oubli! il y en a de beaucoup plus meurtriers que le bain combiné avec les sucs de certaines plantes et certains aromates avortifs. Puissent également ces breuvages infernaux, ainsi que les *corsets mécaniques*, et autres tortures dont les femmes barbares font usage, demeurer toujours ignorés!!! Que la connaissance des misères auxquelles sont vouées les Musulmanes, qui ont méconnu le plus saint de leurs devoirs, celui de porter avec plaisir le fruit que la nature leur a confié, suffise pour effrayer celles qui, parmi nous, oseraient recourir à cette voie criminelle, pour cacher une faiblesse que l'opinion publique excuse facilement.

Vieilles avant le temps, condamnées à des infirmités affreuses, ces malheureuses Musulmanes sont réduites à invoquer la mort, seul remède aux douleurs qu'elles endurent.

SUPERSTITIONS.

De vieilles sybilles, d'étiques sorcières, produit impur de cette Thessalie, de tout temps féconde en magiciennes, sont en possession, dans toutes les parties du monde, d'expliquer les songes, d'interpréter les signes, enfin de commenter en quelque sorte les délires de l'imagination; ce sont les Bohémiennes. Une jeune fille éprouve tout-à-coup une émotion qu'elle ne connaissait pas, à la vue d'un jeune homme; que va-t-elle faire? Elle court chez la Bohémienne, qui lui vend au poids de l'or un petit gâteau, mais qu'elle ne doit manger que *dans le bain :* ce gâteau est mêlé de substances soporifiques qui la provoquent au sommeil, et lui font faire mille songes fantastiques, qui sont ensuite interprétés savamment par la sybille. Cette dernière lui ordonnera encore de fixer sur son sein un sachet enchanté qui contient trois fleurs, l'une bleue, l'autre blanche, et la troisième rouge; elle devra se baigner jusqu'à la ceinture seulement, en évitant soigneusement de mouiller sa gorge, et surtout le précieux sachet. On conçoit que le charlatanisme fait tous les frais de ces prétendus sortiléges, dont un adroit oracle s'applique particulièrement à recueillir célébrité et profit.

L'Arimane des anciens est un démon ennemi de tout bonheur. Cet être métaphysique a la plus grande puissance sur l'esprit des Grecs, qui n'épargnent aucuns sacrifices pour le conjurer. Ils le désignent sous le nom de *mauvais œil*. Ils ne recourent pas avec un aussi grand empressement à l'art du médecin pour les maladies qui peuvent les affliger, même pour la peste : Dieu, disent-ils comme les Arabes, a compté sur le front de l'homme le temps qu'il doit vivre.

Ainsi que dans toute l'Asie, ils ont en horreur le lavement; et beaucoup de Grecques, dans leurs couches, n'admettant que des sages-femmes, ont succombé pour ne pas avoir voulu recevoir les soins d'un habile médecin qui aurait su aider la nature.

BAPTÊME DES GRECS.

Le baptême chez les Grecs est un *véritable bain*. Cet acte religieux ne consiste pas, comme chez nous, dans une simple effusion d'eau sur le sommet de la tête. On immerge l'enfant, n'importe en quelle saison, dans un grand bassin d'eau, où, sans égard pour sa faiblesse, sans pitié pour ses cris, il est lavé, *baigné et frotté :* le péché originel ne serait pas effacé sans cela. Il faut que l'enfant sorte du fluide régénérateur, blanc comme un bienheureux. Le *papas*, qui pratique la cérémonie, essuie l'enfant et la termine en adressant ces paroles : *Va, mon fils, tu es propre ; que Dieu te garantisse du mauvais œil !*

TRENTE-NEUVIÈME TABLEAU.

BAINS DE L'ARABIE.

L'ARABIE, compris ce qu'on appelle *l'Heureuse, la Déserte* et *la Pétrée*, est une espèce de presqu'île, la plus grande de toute l'Asie, bornée à l'Orient, par le golfe Persique, à l'Occident, par la mer Rouge. *Aden*, la capitale de l'Arabie heureuse, est une ville forte, grande et bien peuplée, remplie de beaux édifices et de bains publics de la plus grande beauté. Européens, Turcs, Africains, Persans, Indiens même, tout y abonde; c'est un flux et reflux continuel de toutes les nations. Les Arabes, sans se trouver absolument sous la domination du Grand-Seigneur, professent cependant les dogmes de la religion de

Mahomet. On sait que ce pontife guerrier, politique habile, mettant à profit les faiblesses du cœur humain, sut se créer un empire magique sur l'esprit crédule du vulgaire, et devint, de simple marchand de chameaux, le prince le plus puissant de l'Asie. Par la seule force de son génie, et sans le secours des sciences (car il était fort ignorant), il imposa ses lois à tout l'Orient; et peu économe du sang humain, il établit, le sabre à la main, ses doctrines mensongères sur des monceaux de victimes. La postérité éclairée conserve la mémoire de ses ravages, comme le souvenir des dévastations d'un torrent terrible. L'Asie, sous le joug d'un fanatisme imbécille, a dressé des autels à Mahomet; son tombeau, une des plus grandes merveilles du monde, placé à la Mecque, est adoré dans de pieux pélerinages par les plus puissans monarques de l'Asie; mais il n'en est pas moins vrai que les sages éclairés, les philosophes, refusent leur admiration à cet imposteur audacieux; et s'ils la lui donnent en partie, ce n'est qu'à ses exploits guerriers, et à l'art infini avec lequel il osa lier, comme Epicure, la volupté aux plus grandes espérances de l'homme. Habile à pénétrer le cœur humain, et surtout l'esprit des nations qu'il parcourait, placées toutes sous une zône ardente, il en a inféré que les plaisirs des sens, les charmes du beau-sexe étaient les idoles favorites des peuples efféminés, qui faisaient consister le bonheur dans le sein de la mollesse. Il leur a forgé, dans ses ingénieuses chimères, un paradis de houris, toutes d'une beauté éclatante, et a promis ce divin séjour aux fidèles qui suivraient, avec le plus de scrupule, le code religieux de son Alkoran. Le bain devint aussi pour le Turc, pour l'Asiatique, un des points fondamentaux de sa doctrine. Comme nous l'avons déjà dit dans notre avant-propos, l'opération de la circoncision, (*souvent pour les deux sexes*), dans certains royaumes de l'Asie, le poids et la multiplicité des étoffes chargées de broderies, le défaut de linge sur la peau, ensuite la beauté des femmes qui puise son plus grand luxe dans la propreté et les petits soins, tous ces motifs exigeaient impérieusement l'usage fréquent des bains qui, d'ailleurs, dans l'Égypte, dans la Macédoine, dans Athènes et dans toute l'antique Grèce, étaient pratiqués avec le plus grand luxe de temps immémorial. Mahomet, par cette adresse politique, retenait, dans des chaînes de roses, des peuples qui, élevés en âpres Lacédémoniens, en Spartiates, eussent fini bientôt par écarter le bandeau qu'il avait placé sur leurs yeux, et eussent secoué son joug. Ce moyen est infaillible sur les nations : le luxe fut toujours leur vainqueur. Rome, *de chaume*, fut invincible; *de marbre*, elle fut vaincue. Thémistocle triompha des Perses du temps de la rudesse des mœurs d'Athènes, et le sanguinaire Sylla la ravagea, quand elle fut énervée par les bains parfumés de Périclès, grand et magnifique, mais trop voluptueux dans toute son administration.

Cromwel était aussi né dans l'obscurité; à force d'hypocrisie, de courage et de bonheur, comme Mahomet, il parvint à usurper une couronne; mais plus fin que Cromwel, ce dernier sut faire passer dans sa maison la tiare et le sceptre. C'est assez en dire sur Mahomet, que Voltaire a d'ailleurs démasqué dans ses vers immortels ; mais ne devions-nous pas ce détail au demi-dieu des bains, à celui qui, après Neptune, a droit à nos plus grands hommages, comme le plus grand fondateur des thermes de l'antiquité?......

NOTICE SUR LE CAFÉ.

L'arbre du café qui croît en Arabie,

au port *Moka*, où il est plus estimé, est la liqueur favorite des Arabes; c'est pour eux ce qu'est le thé pour les Anglais. Au bain surtout, on en sert à profusion ; cette liqueur capiteuse et stimulante fait pétiller des idées vives, et donne au sang une force électrique dont la galanterie ne se plaignit jamais.

CÉRÉMONIES NUPTIALES.

Dans l'Arabie pétrée dont *Pétra* est la capitale, pays immense, couvert de sables brûlans, quand un jeune Bédouin est pris d'amour pour une jeune Bédouine, il offre tant de chameaux, de chevaux, de gazelles, à ses parens pour l'obtenir, suivant le degré d'attraits de sa maîtresse. Conséquemment, quand elle est d'une beauté parfaite, toute son écurie lui est offerte. Le cadi dresse le contrat. Mais pour revenir à notre thème, c'est *le bain* qui devance les cérémonies de l'hymen et de l'amour ;

point de plaisirs légitimes en Asie, sans les grandes purifications préparatoires. L'épouse est donc conduite aux bains, puis parfumée et parée de ses plus beaux atours, ainsi que l'Alkoran le lui ordonne. Elle a un soin religieux d'employer des essences, des pommades, des petites *pinces épilatoires* ; car ce serait une grande tache d'infamie pour une fille arabe d'avoir manqué à ce rit bizarre. Vêtue, ainsi que les femmes d'*Iémen*, à la Musulmane, elle considère comme un grand ornement de se placer un anneau d'or au nez ; après le bain, elle se rougit avec de la cochenille les ongles des pieds et des mains ; le futur, de son côté, en agit de même. Ensuite la mariée, montée sur un chameau dont la selle est couverte d'un superbe tapis de Perse, et ornée de fleurs, est amenée dans la tente *nuptiale* du sacrifice ; puis l'époux en sort triomphant au bout de quelques heures, en faisant trophée des preuves de la virginité de son amante. Pendant ce temps-là, les parens de la jeune mariée s'affligent ; et la tête couverte de longues draperies, pleurent et portent en quelque sorte le deuil des prémices de leur chère enfant. Toutefois la polygamie est tolérée en Arabie ; et, dans une vaste salle de bains, un heureux Arabe peut se baigner avec vingt ou trente femmes, si sa fortune lui permet ce luxe et cette variété de plaisirs.

CÉRÉMONIES FUNÈBRES.

Si, comme on vient de le voir, *le bain* est un acte religieux qui doit précéder le mariage, il est aussi indispensable pour les funérailles ; le cadavre y est soigneusement lavé : car ne faut-il pas qu'il soit parfumé et imbibé d'essences avant que le grand-prophète l'enlève par une mèche de cheveux pour le transporter au paradis des séduisantes houris?... Le front du mort est garni de bandelettes imprimées de sentences de l'Alkoran ; tous les conduits du corps humain sont bouchés avec du coton ; et le visage tourné vers la Mecque, placé dans un cercueil jonché de plantes aromatiques, on le porte au cimetière. Là, on l'enterre, après avoir jeté sur lui mille parfums conservateurs ; tels que des liqueurs camphrées, des injections d'esprit-de-vin, etc. Cependant, comme en Europe, quand on veut garder long-temps les corps des princes, ici on ne vide pas les cadavres; ce serait une grande impiété de toucher au cœur, au foie et aux intestins. On a vu des squelettes embaumés résister à l'action destructive de vingt siècles. Ces squelettes se nomment des *Momies*. La bibliothèque royale, à Paris, en possède quelques-unes.

LA BARBE D'UN ARABE.

Si les bains, pour le beau-sexe, sont la moitié de la vie; si, là, elles sont dans leur élément favori, la barbe d'un Arabe et d'un Turc en général prend aussi *plusieurs bains par jour*. C'est dans ce noble attribut de la virilité qu'il considère avec orgueil comme la parure la plus belle de l'homme, qu'il fait consister la majesté, la force, qui lui sont échues en partage. Mahomet, d'ailleurs, y attache, dans les *songes prophétiques*, les plus grands talismans, et la recommande aux Musulmans dans ses préceptes, avec autant d'ardeur que la mère d'une Chinoise prend soin de la petitesse du pied de sa fille, qu'elle met à la torture dans des boëtes meurtrières, afin de l'empêcher de croître. Aussi, quand un Turc rentre au logis, ses femmes, ses filles, lui baisent la barbe avec un saint respect ; celle-ci la lui parfume avec de l'eau de senteur, avec les vapeurs du bois d'aloës ; celle-là brûle des pastilles du sérail et baigne cette barbe sacrée dans un vase de vermeil, rempli d'eau à la rose ; les poils même qui en tombent sont scrupuleusement recueillis par les femmes, et fixés sous des pierres précieuses à des bracelets. Lorsqu'un Turc a commis quelque délit, la tribu s'écrie : *Que cette barbe est à plaindre !* Oser y porter des ciseaux sacriléges, c'est commettre le plus grand crime de lèse-Mahomet. Nos Parisiennes, qui ne peuvent pas sentir quelquefois une barbe de deux jours dans certaines familiarités, vont bien rire de cette comique vénération pour le signe distinctif de la majesté de l'homme : je les entends déjà railler ces sottes Musulmanes, esclaves serviles de pareilles puérilités ; elles sont toutes un peu *Roxelanes* au fond de l'âme, et jeteraient de grand cœur, par la fenêtre, la pipe du Grand-Sultan, s'osait avoir l'impolitesse de fumer devant l'une d'elles : mais chaque pays a ses usages ; et tous ces peuples ne sont pas Français, pour sentir comme nous le prix du beau-sexe qui nous tient dans des chaînes, au lieu d'être dans les nôtres comme en Turquie.

ANECDOTE.

On raconte qu'un Turc, qui voyageait sur le Rhône, dans le coche d'Auxerre, s'étant endormi, un imprudent jeune homme lui mutila sa longue barbe. A son réveil, s'étant aperçu de l'affront sanglant qu'on avait commis sur sa personne, il s'empara d'une hache ; et frappant en fanatique, il mit à mort plusieurs personnes. Le reste de l'équipage eut des peines infinies à le lier avec des cordes, et à rendre sa fureur impuissante.

Il n'est peut-être pas une piquante Française qui ne se demande tout-bas si les femmes asiatiques font usage du lavement. Non, Mesdames; elles mourraient plutôt que d'y consentir, quoique les médecins arabes le leur recommandent très-souvent : elles sont fières d'emporter cette singulière virginité au tombeau. La plupart des Espagnoles pensent de même, et la canule à Madrid est un meuble honteux et proscrit comme l'était une œuvre philosophique du temps du Grand-Inquisiteur.

Un autre point de curiosité que je suppose dans l'esprit de mon lecteur, c'est de savoir si les Orientaux en général se conduiraient comme eux, à l'égard de certain petit besoin naturel : point du tout, ils agissent à cet égard en sens inverse de nos habitudes : les hommes, surtout à Alexandrie, s'accroupissent comme les femmes pour lâcher de l'eau; et avant, creusent un léger trou dans la terre pour ne laisser aucune trace. Quant à un émir, un bacha, un sophi, il ne satisfait à cette nécessité que dans un vase d'or; ensuite les esclaves qui l'accompagnent, munis d'éponges imprégnées d'essences de rose, d'ambre, de musc, de palmirène léger, de baume du Pérou, font à cet effendi (1) un bain de toilette ou purification mahométane. J'ai vu moi-même ce fait.

---

(1) Excellence.

QUARANTIÈME TABLEAU.

BAINS DE L'ÉGYPTE.

Les bains de l'Égypte, au Caire, à Alexandrie, sont le foyer, le rendez-vous des intrigues galantes. Les femmes ne pouvant courir par la ville, elles s'en dédommagent par tout le joli caquet des amours. C'est au bain qu'une Egyptienne déploie toutes les recherches

---

(1) Ces bains, *en Égypte*, feront naître, au premier coup d'œil, dans l'esprit du lecteur, la réflexion naturelle que cet article devrait être placé en Afrique; mais la peinture des mœurs que nous y faisons, les rattachent essentiellement aux usages de l'Asie, puisqu'une grande partie de la Haute et Basse-Égypte sont sous la législation et la religion mahométane. Cette raison apologétique nous a paru suffisante pour nous autoriser à nous permettre une transposition dont la géographie ne serait d'ailleurs satisfaite qu'aux dépens des plaisirs du lecteur.

de la coquetterie et de la toilette : le soin minutieux qu'elle prend de tous les genres de beautés de sa personne, surpasse encore, dit-on, les recherches des coquettes athéniennes, du temps de la belle Aspasie. Nous parlerons, d'ailleurs, de toutes ces inventions étonnantes imaginées et employées par les Grecques, pour seconder la nature de toutes les finesses de l'art.

On conçoit qu'une Egyptienne n'étant jamais vue des hommes, il faut nécessairement qu'un jeune Egyptien se prenne d'une belle passion pour elle sur le seul récit hyperbolique de ses appas, et le coloris flatté d'une miniature dont le peintre, bien payé en secret, a relevé les grâces par mille ornemens mensongers, est remis à l'amant qui devient fou de l'original sur cette copie infidèle. Quand, enfin, le futur a obtenu la main de sa bien-aimée, elle prend *trois bains successifs*, dont le dernier d'eau teinte écarlate par quelque poudre, annonce les funérailles prochaines de ses prémices. Il serait très-dangereux pour la jeune épouse qu'elle n'apportât pas à l'hymen les preuves irrécusables de sa sagesse, car elle serait congédiée sur le champ. La consécration nuptiale consiste en ce que la mariée, couverte d'un voile, est portée par des esclaves sous un dais resplendissant de broderies, d'or et de pierreries, si elle est riche : dans cet état, elle parcourt la ville, précédée de baladins qui jouent de divers instrumens, de *bayadères* qui dansent autour du cortége, comme des bacchantes dans la marche triomphale de Bacchus en Asie ; les uns portent des torches enflammées qui répandent dans l'air une fumée odoriférante ; d'autres sèment des fleurs sur le chemin : enfin, quand le festin est terminé, et que la jeune vierge est au pouvoir de son époux, le voile tombe..., et la pudeur se soumet à des transports légitimes.

Nous ne devons pas encore omettre une particularité piquante, le rôle que jouent les *Almées* dans les bains de l'Egypte. Ce sont des sortes de *saphos* ou de ces belles improvisatrices qui brillèrent dans les beaux siècles de Rome : pleines d'esprit, de feu et d'imagination, elles improvisent de suite des poésies charmantes devant les baigneuses auxquelles elles donnent la comédie, le ballet et même l'opéra. Les grands les recherchent beaucoup ; et, dans toutes les fêtes, gaies ou tristes, dans les mariages, même aux funérailles d'un personnage de rang, elles revêtent tour-à-à-tour les couleurs du deuil ou du plaisir, et sont des caméléons infatigables. Au bain surtout, elles forment des groupes mythologiques très-ingénieux : dépouillées de tous leurs voiles, elles formeront un groupe imitant la cour de Vénus sortant du sein de Téthis sur une conque marine; la plus belle fait le rôle de la déesse ; des Nymphes des eaux, des Naïades, des Tritons nagent autour de son cortége. Pendant un repas encore, munies de tambours de basque, de castagnettes, de tyrses ou de triangles, elles dessineront dans leurs danses les groupes les plus gracieux.

On rapporte, ce qui n'est pas trop en leur honneur, qu'elles font profession d'initier de jeunes filles aux mystères de la volupté, et que, dans un atelier réprouvé par les mœurs, elles vont jusqu'à leur en donner des leçons, afin, prétendent-elles, qu'elles puissent mieux enchaîner, par les liens du plaisir, le cœur inconstant d'un époux. Ce raisonnement ne nous paraît pas judicieux: enseigner l'impudeur, afin de captiver les sens d'un mari, c'est marcher droit contre le but proposé; car l'innocence, dans son ignorance pleine de charmes, a bien plus de pouvoir pour séduire, colorée du feu de sa seule rougeur, qu'une effrénée Messaline qui fait fuir

les amours par ses transports impudi‑
ques et par son audacieuse nudité.

<hr />

MOYENS D'ENGRAISSER ET DE MAIGRIR PAR LE BAIN.

Si les Chinoises font consister la beauté dans un embonpoint excessif, et si elles sont sans cesse dans le bain, y prenant des liqueurs soporifiques, y mangeant avec excès du riz, des poules grasses et maints farineux, afin d'atteindre à ce degré ridicule de prétendue perfection; les Egyptiennes, les Circassiennes et les Géorgiennes, célèbres par leur blancheur, beaucoup plus sensées, ne tendent qu'à devenir d'un embonpoint raisonnable, qui n'altère point l'élégance de leurs formes, et la fine souplesse de leur taille. On sait que le bain tiède, pris avec modération et sans suer beaucoup, a la propriété d'engraisser en excitant l'appétit : il amaigrira également, si, souffrant un grand degré de chaleur, vous provoquez d'abondantes transpirations. Conséquemment, par les deux termes opposés que je viens de dire, une femme maigre peut engraisser, et une femme grasse peut maigrir; c'est infaillible. En effet, que la première prenne un certain nombre de bains avec un grand repos d'esprit ; qu'elle ne boive aucune liqueur spiritueuse; qu'elle s'abandonne à cette apathie physique et morale, qui produit l'absence de toute inquiétude, de toute agitation secrète ; qu'elle se livre ensuite à un doux sommeil après le bain, et qu'elle se pénètre bien de ce sentiment d'égoïsme qui rapporte tout à soi, il n'est pas douteux qu'avec ce régime indolent, et ce plan de se renfermer toute entière en elle-même, elle atteindra le but qu'elle se propose, à moins qu'elle ne soit attaquée d'un vice de constitution. Pour une femme trop grasse, la ressource du bain est également immanquable; ajoutez à cela beaucoup de transpiration, d'activité, peu de nourriture, une conversation vive, et indubitablement elle doit maigrir. Voilà donc en peu de lignes les avis que nous donnons aux personnes dans l'un ou l'autre de ces deux cas.

TOILETTE DES ÉGYPTIENNES AU BAIN.

Les Égyptiennes attachent beaucoup de prix à se surpasser par le nombre et l'éclat des pierreries. Une de leurs parures favorites, quoique assez bizarre, c'est de mêler dans les tresses de leurs cheveux une grande quantité de sequins de Venise, qu'elles frottent afin de les rendre plus éclatans. Une Egyptienne en aura quelquefois jusqu'à trois cents sur la tête, en manière de diadème, attachés dans des boucles et tressés avec des chaînes d'or. A la suite du bain, elles placeront à certain endroit que la pudeur me permet à peine de laisser deviner, des sachets odorans qui y entretiennent une douce fraîcheur, sans attaquer les nerfs. D'un autre côté, on peut bien s'imaginer que l'ombre seule d'un homme ne peut pénétrer dans ces lieux sacrés, la propriété des Cadis, des Émirs et des Beys, ou des pachas à trois queues. Les eunuques seuls servent aux bains, comme des machines devenues insensibles. Munis d'un fouet, ils exercent une sévère discipline sur les femmes qui affectent, pour insulter à leur nullité, d'étaler à leurs yeux tous leurs charmes, et tâchent, par malice, de réveiller en eux des désirs impuissans, afin de leur faire éprouver le sort de Tantale : c'est peut-être le plus grand supplice d'un mortel.

Cependant les voluptueux possesseurs de ces superbes harems permettent quelquefois à des musiciens d'exécuter une symphonie dans une galerie élevée qui fait le pourtour des bains; mais pour n'avoir à craindre aucune infidélité, pour éviter toute ruse d'amour, ils font crever les yeux à ces infortunés. On assure que des odalisques, dépitées de leur ennuyeuse et stérile captivité, lasses de n'avoir qu'un époux purement *nominal*, sont parvenues, à force de stratagèmes et de séductions, à avoir des intrigues avec ces malheureux aveugles, qui, nouveaux OEdipes, suivaient docilement les directions officieuses de leurs belles Antigones. Des hommes privés de la lumière, et des eunuques noirs d'une laideur repoussante, voilà donc tout ce qu'on accorde au beau-sexe de l'Asie!... Confiance flatteuse qui prouve jusqu'à quel point les Turcs se reposent sur la vertu de leurs femmes!... Mais malheur, mille fois malheur à la délinquante, à la coupable, qui, violant la loi du prophète, est prise en flagrant délit avec quelque chrétien ou quelque esclave, dans l'oubli de ses devoirs de chasteté ! les Vestales de Rome étaient moins rigoureusement punies. Enveloppée sans miséricorde dans un sac de cuir, avec un singe et un perroquet, comme les parricides à Rome, battue impitoyablement dans ce sac, foulée aux pieds des bourreaux, et ensuite précipitée à la mer: tel est le sort affreux d'une infortunée qui s'est laissée séduire. — En général, dans toute l'Asie, où le despotisme le plus cruel tient les rênes du gouvernement, les femmes y sont punies pour une infidélité avec une rigueur horrible. A Siam, on avance qu'un cheval, dressé aux amoureux mystères, met ainsi à la torture une malheureuse convaincue d'adultère. Au Mogol, à Golconde, à la Côte de Coromandel, on va jusqu'à fermer d'une soie homicide, les portes du temple de l'amour.... Une des femmes de la cour de Siam commet-elle quelque indiscrétion, aussitôt on lui coud la bouche, et elle meurt étouffée. Dans ces régions une barbare tyrannie règne avec un sceptre de sang sur toutes les institutions, et la tête d'un esclave vole au plus léger caprice du prince: c'est un demi-dieu qu'on adore, et dont on révère jusqu'aux plus criminels attentats. Des danseuses déplaisent-elles?... leurs têtes sanglantes roulent aussitôt sur le parquet : on en citerait cent exemples. Les faquirs, les mollas, bonzes ou prêtres, par leur charlatanisme, et les rits sanguinaires de leur idolâtrie, ajoutent à ces horreurs : la circoncision qui a lieu pour les filles nubiles dans beaucoup de nations de l'Asie, et qui consiste à couper le léger bord des nymphes, en est la preuve. En Afrique, même absurdité cruelle sous ce rapport. Les magiciens, qui exercent un pouvoir fanatique sur l'esprit des nègres, circoncisent également les jeunes négresses, en introduisant un instrument chargé de fourmis qui dévorent, pendant quelques jours, les parties les plus délicates. Tel est l'excès des folies des hommes ! Cruels quand ils ne sont pas stupides, et souvent l'un et l'autre. Que de nations où l'on immole des victimes humaines à de faux dieux, à des monstres fantastiques, à des divinités ridicules, imaginaires!!!.... Une heureuse révolution, n'en doutons pas, rendra aux femmes, esclaves dans l'Asie, toute leur dignité: le système affreux de Mahomet sera renversé par la raison qui, pour marcher à petites journées, ne laisse pas d'arriver à ses fins. L'homme sentira que la volupté ne naquit jamais dans la servitude, et qu'elle ne veut que des liens de roses. Il reconnaîtra l'abus de cette polygamie qui, par cela seul qu'elle multiplie les jouissances physiques, renverse entièrement le bonheur moral, bonheur qui ne peut exister que lorsque nos affections sont concentrées sur une épouse qui partage notre amour de son plein gré, et nous accorde son cœur et sa main par l'effet d'un choix libre. Voilà le seul bonheur dans l'union des deux sexes ! voilà le seul culte digne d'être professé auprès des femmes, notre unique refuge dans nos chagrins, le charme de notre jeunesse et encore la consolation de nos vieux jours. Tout autre système, né de l'orgueil, en renversant les droits mutuels, détruit la félicité domestique, et donne à la plus noble passion, l'amour, un caractère de matérialisme qui en fait évanouir les plus doux prestiges. — *La Famille*.

Siam. — Une autre singularité étonnante des mœurs du royaume de Siam, et qu'on croirait peut-être avec quelque difficulté, si elle n'était attestée par des historiens dignes de foi, c'est la manière dont le roi se choisit une épouse. D'abord, il ordonne qu'on lui amène les douze plus belles filles de ses états, puis leur faisant préparer des bains, elles doivent s'y purifier, s'y laver, mais sans employer aucun baume ni aucune essence ; ensuite, on les habille, sans linge, chacune d'une robe de laine d'une blancheur éclatante ; et quand elles sont prêtes, des musiciens les font danser jusqu'à ce que leur robe soit bien imprégnée de sueur. Alors, des femmes les déshabillent de nouveau, les remettent au bain, tandis que les douze robes sont présentées au nez de sa majesté siamoise ; la sueur qui flatte le plus son odorat dans l'une des robes marquées d'un bijou, détermine son choix sur son épouse : on revient avec la robe vers la jeune fille à laquelle elle appartient ; on la sort du bain, richement parée ; elle est proclamée la concubine favorite, et conduite en triomphe au trône du roi au son des instrumens. Le bain est donc encore là, à part l'originalité des procédés du choix, le principe du lit nuptial d'une majesté siamoise.

BAINS DU GANGE DANS L'INDE.

Superstitions des Banians et des Mogols.

Nous venons d'envisager le bain comme un acte de recherche voluptueuse et comme une cérémonie matrimoniale; voyons-le maintenant sous son point de vue religieux.

Le Gange est un grand fleuve dans l'Inde, célèbre par les conquêtes du Grand Alexandre qui campa sur ses rives. Les Banians, au Mogol, le considérant comme un dieu, lui dressent des autels, de superbes pagodes, multipliées à l'infini, sur ses bords, et attribuent à ses eaux une vertu divine; des caravanes nombreuses accourent de toutes les parties de l'Indoustan, pour l'adorer et lui faire des sacrifices, et surtout pour se baigner dans ses ondes sacrées. Elles sont pour eux ce qu'étaient en Grèce les eaux du Permesse pour les poètes. La pagode du beau-sexe, colosse informe, élevée à grands frais sur les rives du Gange, et desservie par les bramines, a des prunelles de diamans d'une valeur excessive; une chaîne de grosses perles lui pend au cou, et sa tête est couverte par un dais soutenu par quatre piliers d'argent. Les Indiens ont la plus grande vénération pour cette idole, et lui paient de gros tributs, quand ils se sont plongés dans les eaux du fleuve; tributs dont les bramines, les faquirs, les dervis, font leur profit. On compte chaque année plus de cent mille personnes qui viennent s'y baigner. Mais l'unique et grand avantage qu'a le Gange, en mettant de côté les vertus superstitieuses que les Indiens lui supposent, c'est la réalité de ses richesses. Comme le Pactole, il roule de l'or dans ses sables, il en jette sur ses rivages, et fournit les pierres les plus précieuses.

QUARANTE-UNIÈME TABLEAU.

BAINS DE LA PERSE.

Les sources où nous puisons nos Tableaux sur les bains des quatre parties du monde, étant garanties par l'autorité des plus célèbres voyageurs, nous ne craignons pas d'en voir suspecter la vérité.

La Perse est un royaume trop célèbre, et avec lequel l'homme le moins instruit est trop familier (puisque, dans toute l'Europe, on a des ambassadeurs de la cour d'Ispahan), pour que nous passions sous silence l'objet principal de nos aperçus.

La ville d'Ispahan, capitale de la Perse en Asie, remarquable par la grandeur, la magnificence et le nombre des édifices, sans parler des hôtels où le luxe et la richesse égalent en quelque sorte le faste du souverain, contient soixante-deux mosquées, dix-huit cents caravansérails, *et deux cents soixante-treize bains*, sans faire mention des cafés publics, quoique, *après les bains*, ce soit les lieux les plus fréquentés.

Les bains sont composés de trois chambres closes, et à l'abri du moindre vent. On quitte ses vêtemens dans la première chambre, et l'on passe dans la troisième où est l'étuve. La seconde contient un grand bassin d'eau chaude, qui se distribue par des canaux dans la troisième.

La première fois qu'un étranger va aux bains à Ispahan, il craint vraiment d'y laisser tous ses membres. Deux grands valets, après lui avoir arrosé le corps, l'étendent sur un lit de pierre, comme une victime qu'on veut égorger. L'un des deux, avec un morceau d'une étoffe grossière, se met à le frotter si rudement, que la peau devient d'un rouge vif. Ensuite on lui allonge les jambes et les bras avec de violentes secousses sans égard pour ses cris, car c'est l'usage ; et de cette douleur passagère, les Persans prétendent qu'il en résulte un grand bien. Au surplus, ces valets impitoyables ne laissent pas de vous faire de profondes excuses ; et pour se justifier complétement, ils vous montrent des Persans qui se laissent douloureusement disloquer, sans le plus petit murmure ; ce qui fait que beaucoup d'Européens veulent se borner simplement aux bienfaits de l'étuve.

Ainsi que dans les cafés, les salles de bains ont leurs jongleurs, leurs farceurs et leurs faiseurs de tours d'adresse. L'un divertit la compagnie par ses bons-mots; un *Molla* déclame, avec une emphâse comique, contre les vanités du siècle ; d'un autre côté, un poète débite des odes, des idylles, des épigrammes. C'est une chose risible que de voir ces champions, moyennant quelques petites pièces de monnaie, s'agiter, se tourmenter, pour réveiller l'attention des baigneurs. On voit là à quel point d'estime sont les prédicateurs et les poètes; ils ont à peine le mérite d'amuser le désœuvrement des personnes oisives. Pourquoi n'aurait-on pas à Paris de ces sortes de jongleurs pour faire diversion à la monotonie et à la solitude du bain?.....

Une des choses les plus rares qui se voit à Ispahan, au milieu des principaux bains, est la *Tour des Cornes*, ainsi appelée, parce que, dans sa construction, il n'est entré ni bois, ni briques, ni pierres, et qu'elle n'est bâtie que des ossemens et des têtes de gazelles et autres bêtes sauvages. On les avait prises dans une seule chasse que fit faire un roi de Perse, et où il se trouva plus de cent mille chasseurs. Cette tour est fort haute; et les têtes de gazelles, qui ressemblent assez à celles de nos chèvres, y sont si bien arrangées, que, depuis le bas de la tour jusqu'à la pointe, on la voit hérissée de cornes. L'histoire rapporte qu'elle fut bâtie durant un festin, c'est-à-dire, dans l'espace de sept à huit heures; et que l'architecte étant venu dire au roi qu'il y manquait la tête de quelque grosse bête pour faire le couronnement, le roi, échauffé des débauches de la table, lui répondit; « Où » veux-tu que nous allions chercher, à » l'heure qu'il est, une tête comme tu la » demandes? On ne pourrait trouver de » plus grosse bête que toi; *il faut y* » *mettre la tienne.* » En même temps ce prince abominable ordonna qu'on la lui coupât, et qu'on la plaçât au haut de *la tour des bains.* Ce trait, qui révolte, est d'autant plus croyable, qu'en Asie les souverains ont droit de vie et de mort sur leurs sujets, et se procurent

ASIE.

ce petit divertissement au moindre de leurs caprices. Telle est la force du libéralisme du régime oriental. Nous avons, dans nos divisions de parti, certains énergumènes entichés de féodalité, bien capables d'y applaudir !

⁕

ANECDOTE PERSANE.

La belle *Kojokié*, jeune bayadère, favorite de l'empereur de Perse, abusait souvent du faible extrême que ce prince avait pour elle. Long-temps ses caprices ne l'écartèrent nullement de ses devoirs de fidèle odalisque ; mais ayant aperçu un chrétien de la plus jolie figure, à travers les vitraux du sérail, au moyen d'une longue vue qu'elle s'était procurée, elle résolut de se donner à cet étranger séduisant. Il y allait de la vie ; que dis-je ! la mort n'est rien ; mais les plus grands supplices étaient réservés au sacrilège, s'il était découvert. Voici comme elle s'y prit : Les eunuques apportaient quelquefois dans les bains de ces machines hydrauliques, de ces dauphins monstrueux, imités en bois peint, et qui contribuaient avec d'autres décors à former des scènes mythologiques sur l'eau. Kojokié conçoit l'idée d'y faire introduire son amant; il savait quelque peu d'Arabe ; elle ne lui cèle plus sa vive passion; un esclave, gagné à force d'or et de pierreries, devient le secret Mercure de cette dangereuse intrigue. Enfin, un jour de jeux et de fêtes dans les bains, le chevalier de Méricourt (c'est le nom de ce jeune chrétien) est introduit dans cet étui étrange, et d'abord ébloui par le charme de tant de nudités, il oublie quelques instans le péril auquel il s'expose : la fine Kojokié le rassure par des coups d'œil. Quelques divertissemens ont lieu ; la musique se fait entendre; mais cette sultane favorite affecte de la lassitude, des vapeurs, et demande à son souverain un peu de repos ; tout le monde se retire ; et pour duper complétement l'empereur abusé, jamais Kojokié n'a été plus caressante. L'heure du berger approche, et l'amour va cueillir le prix de tant de périls et d'attente... Nous tirerons le rideau sur cette profanation: le grand Mahomet en murmure... Un chrétien obtenir l'amour d'une odalisque !..... tout le Croissant se soulève !.... Ces délices se répétèrent quelquefois encore ; mais l'esclave parla malgré tous les présens dont la sultane l'avait comblé. Cependant, loin de recueillir le prix de sa dénonciation ; il fut empalé. Quant aux deux amans, ils avaient su fuir, au moyen d'une échelle de soie, et Kojokié, munie d'un riche écrin, gagna la Russie de l'Asie, puis le Nord, puis la France, et vint à Paris s'unir à son cher Méricourt, après avoir embrassé le christianisme. Elle-même nous a raconté cette aventure romanesque, en nous permettant de la publier.

QUARANTE-DEUXIÈME TABLEAU.

NOTICE HISTORIQUE
SUR LES BAYADÈRES DANS L'ASIE.

Les Bayadères que nous avons en quelque sorte introduites dans nos mœurs, soit dans un ballet très-magique et très-brillant de l'académie royale, soit dans nos modes, en donnant à certaine écharpe ou filet de soie de diverses couleurs, le nom de *Bayadère*, jouent en général un très-grand rôle dans la plupart des royaumes de l'Asie.

Telles que les Bacchantes qui formaient le cortége du gros Silène, et passaient leur vie au sein des ris et des jeux, à chanter, à danser, sans aucune espèce de prévoyance pour l'avenir n'ayant d'autre déesse que la marotte de la Folie, d'autres idoles qu'un tyrse et un tambourin, les Bayadères persanes paraissent avoir entièrement succédé à ces insouciantes prêtresses du temple de la volupté. Pour le moins aussi *philosophes* que nos danseuses de l'opéra, elles sont encore plus libres, puisqu'elles ne contractent jamais d'engagement avec aucun théâtre. Courtisanes consacrées dès l'enfance à honorer le dieu du plaisir, et élevées dans des séminaires d'amour, elles n'en sont pas moins de toutes les cérémonies religieuses et profanes, et précèdent les processions en s'accompagnant dans leurs hymnes d'un triangle très-éclatant. Les Brames (prêtres de l'Inde) se chargent de leur éducation, surtout quand elles sont nubiles, et ont soin de leur ravir leurs prémices, afin, disent-ils, que cette fleur précieuse ne devienne pas la proie du vice, et ne passe pas dans des mains impures.... On ne peut donner trop d'éloges à des intentions si sages et si vertueuses.

Si, d'un côté, les bayadères sont l'âme des festins des grands au Mogol, en Perse, à Siam, à Golconde, où elles animent les convives en chantant, en représentant des pantomimes bizarres, mais la plupart du temps licencieuses, en formant spontanément des groupes pyramidaux; d'un autre côté, c'est particulièrement dans les BAINS PUBLICS que ces *jongleuses galantes* déploient tout leur art. On conçoit que les riches, blâsés par les fatigues de l'amour, puisent dans les attitudes agaçantes de ces Laïs vénales, des irritations qui réveillent leurs sens engourdis par la mollesse et les jouissances trop faciles du sérail; mais ne sait-on pas que les étincelles du plaisir, arrachées en quelque sorte à un corps énervé, ne jettent qu'un feu bien pâle; c'est l'agonie et non le délire de la volupté.

On voit une quantité de ces femmes à la côte si célèbre du Coromandel, dans l'Inde, en deçà du Gange, vers le degré occidental du golfe de Bengale; puis dans les Comptoirs européens, tels que Pondichéry, Karigaux, Madras, etc.

Les femmes, au Coromandel, sont très-jolies, élancées; mais elles ne sont là que les premières esclaves de leurs maris. L'époux achète sa femme au prix de vingt-cinq ou trente pièces d'or qu'il donne à son beau-père. En remettant cette somme, il dit à haute voix devant un brame : *L'or est à vous, et la fille est à moi.* C'est une espèce de *denrée* qu'il achète. Le *tati* est un petit joyau que donne le mari à sa femme, et qu'il lui passe au cou comme son cachet de propriété, *quand elle est plongée dans un bain,* jusqu'à la moitié des seins; des matrones expertes ont d'ailleurs prêté serment sur la vir-

-ginité de la jeune mariée. Ce peuple aime passionnément le plaisir, la joie et la danse. Cependant, les dames *Tamoulles* (c'est le nom de ces habitans) sont loin d'approcher des mœurs trop licencieuses des Bayadères. En comparaison de ces dernières, nos figurantes des coulisses de l'académie royale, seraient même de chastes Lucrèces. Notre scène ne souffrirait pas d'ailleurs une nudité si audacieuse et des gestes aussi significatifs... — Une Bayadère dit, ainsi que l'Arabe : *Un époux pour le devoir, vingt amans pour le plaisir*. Cette doctrine relâchée ne peut convenir à nos charmantes Françaises dont la pudeur, ainsi que la délicatesse, fait le principal ornement de leurs attraits.

On ne peut disconvenir toutefois que rien n'est plus enchanteur que le costume d'une danseuse de la côte de Coromandel. Sous des draperies diaphanes, sous des voiles aériens, ces *Circés* vous séduisent par les contours amoureux de leurs formes qu'elles déploient dans le bain avec une grâce merveilleuse. Parcourant, au nombre de vingt à trente, sous les yeux du prince caché dans une estrade, une galerie de colonnes en marbre noir, en dessinant maints groupes allégoriques, l'albâtre de leurs corps y produit un contraste ravissant : ce sont comme des ombres de neige qui passent à travers l'ébène de noirs cyprès.

Variant leurs jeux à l'infini, au moyen d'un cachemire, d'une guirlande de roses, d'un bras qui s'arrondit avec mollesse, qui se précipite avec rapidité, elles composent, celle-ci, une danse ingénieuse, dans laquelle le tissu ou la guirlande présente mille dessins gracieux et fugitifs, en formant une sorte de dédale autour de sa personne ; celle-là a la prodigieuse adresse d'élever, d'un seul élan, sa jambe comme une flèche rapide, bien au-dessus de sa tête, et découvre une cuisse faite à peindre, dont un tricot de soie relève encore la perfection. Tantôt le mouvement des bayadères est précipité, tantôt il est tendre et plein d'une voluptueuse langueur : c'est le dernier adieu du plaisir.... Dans leur ivresse et leur vivacité, vous entreverrez quelquefois les approches du trône de la pudeur, tel qu'un éclair rapide perce la nue où il répand la flamme et le feu..... Toutes les beautés du corps, la gorge surtout, que les Bayadères, ainsi que les artistes de toutes les nations, mettent au rang des premières merveilles du Créateur, s'offrent rapidement à la vue. Ces charmes inappréciables sont en France l'objet constant d'une juste coquetterie ; mais combien ces femmes de l'Asie sont supérieures à cet égard dans leurs recherches !.. Elles savent envelopper merveilleusement leur gorge dans deux étuis en bois précieux, revêtus chacun d'une feuille d'or, parsemés de perles, de diamans, embaumés de parfums de la Mecque, de Bassora; et dans leurs danses les plus vives, elles ont l'art de les ôter, et de les remettre tour-à-tour en dénouant le nœud de rubans qui attache ces étuis derrière leurs épaules..... Cette volupté, enlevée et rendue au milieu de la magie des mouvemens, est, disent les voyageurs célèbres qui ont joui de cette scène, le spectacle le plus ravissant que l'on puisse voir dans le temple de Gnide. Quant à leur souplesse, elle est également prodigieuse. On raconte qu'un *Souba* ou vice-roi, voulant aller à Masulipatan, neuf d'entre elles lui composèrent une voiture de leurs propres corps. Elles représentèrent la figure d'un éléphant; quatre faisaient les quatre pattes, quatre autres formaient le corps de l'animal, et une, la trompe. Le vice-roi, monté sur ce groupe indécent et grotesque, fit, sur ce trône féminin, son entrée dans la ville.

Ce qui peut déplaire dans les bayadères, c'est qu'elles se tatouent trop de rouge et de céruse, d'ambre et de *musc*. Ce dernier est un petit quadrupède qui porte sous le ventre une vessie remplie d'une liqueur qui se coagule au soleil, et qui, modifiée avec d'autres parfums, ne laisse pas d'être un baume bienfaisant pour le cerveau.

Le tableau que nous venons d'offrir à nos lecteurs, touchant les bayadères, est un peut vif, sans doute; mais notre tâche n'est-elle pas d'instruire autant que d'amuser ? — Trop de réserve aurait altéré la vérité. Que nos Françaises étendent sur ces esquisses voluptueuses la gaze légère de leur divine pudeur, et nos portraits seront charmans !

PARTICULARITÉS CURIEUSES.

A *Visapour*, à *Carnate*, une fille

devient mère à neuf ans, tant la nature est avancée dans ces climats. Il est défendu à une veuve de se brûler sur le tombeau de son époux, ainsi que cela se pratique au Malabar.

C'est à *Coulour,* au royaume de Golconde, qu'on exploite les mines des diamans et autres pierres précieuses ; telles que les grenats, les saphirs, les amétystes, les agathes et les topases. On ne nous pardonnerait pas de passer sous silence ces sources fécondes, où la beauté puise ses ornemens. En effet, une belle Française ne concevrait-elle pas de l'humeur, en couvrant son front de pierreries, en semant de perles et de rubis sa blonde chevelure, si on lui laissait ignorer dans quel heureux climat les hommes ont arraché au sein de la terre ces pierres étincelantes, qui ajoutent tant de lustre aux roses et aux lis de son teint ?

Ainsi que pour la pêche de la perle au

golfe de Perse (travaux pénibles, au milieu desquels le plongeur court risque d'être dévoré par les requins, en tirant du fond de la mer des nacres où sont déposées les perles), de même le mineur pour les diamans, s'expose à chaque instant à être englouti sous les voûtes souterraines qu'il a creusées, et malgré toutes les précautions du prince pour empêcher les vols, les travailleurs ne laissent pas de dérober beaucoup de diamans; par exemple, ils iront jusqu'à les avaler.

La langue, à Golconde, est plus chantée que parlée, et toute remplie d'hyperboles et de métaphores. Par exemple, pour exprimer les lèvres, ils disent *la lumière de la bouche*, et tout est dans ce stile oriental.—Un souba, si tel est son bon plaisir, peut faire rouler sur le parquet de son appartement la tête d'une bayadère, si sa danse ne lui a pas plû:

son caprice fait la loi. Le bourreau reste à ses côtés dans les fêtes ou les bals. Tel est l'affreux despotisme qui règne en Orient et que l'illustre Ipsilanti cherche aujourd'hui à secouer en Moldavie. Plaise à Dieu que la raison et la philosophie remplacent bientôt, dans ces contrées esclaves, l'idolâtrie, la tyrannie odieuse qu'y fait peser le Croissant! Ces peuples infortunés respireraient enfin sous les lois d'une monarchie tempérée par l'humanité et la sagesse, et l'univers pourrait espérer la propagation de ce beau système constitutionnel, qui fait la sûreté des souverains autant que la gloire et le bonheur des nations : mais ce rêve ressemble un peu à ceux du savant Bernardin de Saint-Pierre. Il faudra, sans doute, encore bien des années avant que l'Asie brise le sceptre de fer sous lequel elle gémit, et le sang de l'innocence ne coulera encore que trop long-temps aux pieds d'un satrape cruel et voluptueux.

L'ARBRE DU CAFÉ.

Nous convenons bien en passant, avec le lecteur, que nous faisons çà et là de fréquentes excursions hors de nos bains; mais que signifierait une description qui ne serait pas ornée de quelques détails instructifs? D'ailleurs, par exemple si l'on prend fréquemment des bains dans diverses contrées de l'Arabie, on prend aussi le *café* dans ces mêmes bains; et qui n'est pas curieux de connaître ce fruit si recherché dans le monde entier!

Le café le plus estimé est celui qui nous est importé de *Moka* (port célèbre de l'Arabie), et dont les indigènes font un grand commerce. Cet arbre s'élève de dix à douze pieds, et forme, par ses branches et ses feuilles qui sont blanches, une espèce de parasol. La fleur tombée, elle est remplacée par un fruit semblable à une grosse cerise. On trouve sous sa chair, au lieu de noyau, la fève ou graine qu'on appelle *café*. On ne croit pas sans doute que ces réunions nombreuses d'hommes, de liseurs éternels de journaux; que les joueurs de dames, de domino, soient une invention européenne. Non, ces assemblées, appelées en France *cafés*, nous viennent de Constantinople, du Iémen dans l'Arabie. Imitateurs trop exacts, nous en avons long-temps banni les femmes; plus sages, plus galant, et vraiment Français à présent, elles sont admises aujourd'hui dans nos cafés; d'ailleurs, grand nombre de nos dames savent bien que leurs maris ne sont pas des *Turcs*, quoique beaucoup soient des *Arabes*.

On a vanté l'excellence de la graine du café : Voltaire, Frédéric-le-Grand, Ducis, et autres, s'abreuvaient à longs traits de ce stimulant poétique; nous lui devons la gaîté, les heureuses digestions; un sot y puise de l'esprit; un misanthrope voit s'éclaircir les ombres de son front; le vieillard sent renaître ses beaux souvenirs, c'est en quelque sorte une glace fidèle qui lui retrace en foule les tableaux les plus rians de sa jeunesse. L'amour, l'amour aussi y puise des forces dont sa vanité s'énorgueillit, et dont la volupté a soin de faire son profit.... La poésie lui doit ses plus belles inspirations; c'est également un philtre dangereux pour la sagesse. Qu'une tasse de café devient quelquefois perfide au dessert et funeste dans ses conséquences, surtout si un petit verre d'alkermès se fait son aphrodisiaque complice! Les triomphes de la galanterie résultent de si peu de chose!....

Nous tenons trop à orner, le mieux possible, ces feuilles légères, pour ne pas clore cet article par l'éloge du café que fait M. Delille dans les vers charmans que nous donnons ici avec plaisir:

> ....
> Viens donc, divin nectar: viens donc, inspire-moi.
> Je ne veux qu'un désert, mon Antigone et toi.
> A peine j'ai senti ta vapeur odorante,
> Soudain de ton climat la chaleur pénétrante
> Réveille tous mes sens; sans trouble, sans chaos,
> Mes pensers plus nombreux accourent à grands flots.
> Mon idée était triste; aride, dépouillée;
> Elle rit, elle sort richement habillée,
> Et je crois, du génie éprouvant le réveil,
> Boire dans chaque goutte un rayon du soleil.
>
> Les trois règnes, chant VI.

Pourquoi ne citerions-nous pas encore les strophes charmantes de M. Ducis, sur ce merveilleux fruit?

A MON CAFÉ

Mon cher café, viens dans ma solitude
Tous les matins m'apporter le bonheur;
Viens m'enivrer des charmes de l'étude;
Viens enflammer mon esprit et mon cœur.

Que ta vapeur, pour mon Homère antique,
Sur un encens qui lui porte mes vœux,
Parfume bien sa barbe poétique,
Et ce laurier qui croît sur ses cheveux.

Mon cher café, dans mon humble hermitage,
Que les beaux-arts, les innocens loisirs
La liberté, ce seul besoin du sage,
Que tes faveurs soient toujours mes plaisirs!

Mais je soupire, ô nectar redoutable
De ton pouvoir, est-ce un effet nouveau?
Ah! ce matin, un enfant secourable,
Pour te chauffer me prêta son flambeau.

Je m'en souviens : il avait l'air timide:
Je l'observais; il voulut m'éviter.
Dans la liqueur il mit un doigt perfide.
Oui, c'est l'Amour, je n'en saurais douter.

Il y mêla les langueurs, la constance,
Les longs désirs, tout ce qui peut charmer;
Il oublia d'y laisser l'espérance.
J'aimerais seul ; je n'ose point aimer.

J.-F. DUCIS.

Le chameau, en Arabie, en Egypte, que l'Arabe nomme, d'un style métaphorique, *le Navire du désert*, y est de la plus grande utilité dans les caravanes. La nature a formé ce précieux animal exprès pour ce climat ardent et ce terrain sablonneux dépourvu d'eau. Docile à plier les genoux, quand on le charge, le camelier en fait ce qu'il veut. C'est en-

ASIE.

core M. Delille qui s'exprime ainsi à son égard :

> Le lion de Barca ravage la Nubie ;
> Le chameau voyageur traverse l'Arabie,
> Et ses cinq estomacs, réservoirs abondans,
> Bravent l'aridité de ces sables ardens.

N° 1 — à propos de l'arabie — le chameau = appelé le Navire du Desert

VENTE DES FEMMES EN ORIENT.

C'est vainement qu'un traître, usant de violence,
Croit acheter le bien qu'il ne peut obtenir :
Un crime ne saurait jamais être un plaisir ;
C'est le don libre et pur qui fait la jouissance.

Nous ne dirons qu'avec la plus vive affliction que les femmes, ce sexe charmant, maître absolu dans l'Occident, mais esclave en Asie, dans beaucoup de marchés ou basars de cette seconde partie du monde, y est vendu suivant le degré de ses avantages physiques. Profanateurs cruels, chez les Egyptiens, les Algériens, les Turcs, au Mogol, à Surate, dans presque tout l'Orient, enfin, un monopole affreux s'exerce sur la beauté, et des Barbares tiennent comptoir ouvert des grâces et de l'innocence.

Par un raffinement qui flétrit plus qu'il n'honore le sexe, au moyen *d'une aiguille douloureuse*, les Musulmans posent un scellé assassin sur le sanctuaire de la virginité; les filets d'acier, à l'exemple des Florentins, insultent encore à la vertu. Partout, la faiblesse et la timidité des plus innocens appas, ne trouvent, dans des amans matérialistes, que des bourreaux plus défians que voluptueux. Oserai-je dire qu'à Surate, on ne rouit pas d'y faire des trocs humilians d'une jeune beauté contre un chameau, un palanquin, un tissu de cachemire ou des ivoires?.... A la côte de Coromandel, des *bayadères* sont encore troquées contre des pierreries, des perles; passe pour cet échange: perles pour perles..., mais la compagne, l'amie la plus chère de l'homme, échangée contre un chameau! vendue comme une propriété dont l'acquéreur peut disposer selon son caprice..... Ah! que cette profanation est douloureuse!!!!...

BAINS
DE
L'AFRIQUE.

BAINS DE L'AFRIQUE.

✳✳✳✳✳✳

INTRODUCTION.

Qui croirait, au premier coup d'œil, que l'Afrique, ce pays inhabité et presque inconnu dans son intérieur; ce pays dont M. *Levaillant* a fait un tableau plus ingénieux que fidèle, et qui, à bien des égards, végète dans un état complet de barbarie, présente, sous le rapport des *bains*, l'intérêt le plus piquant? — Il est vrai que les côtes de ce vaste continent ont plus de civilisation; l'homme n'y partage pas, comme dans l'intérieur des terres et des forêts immenses, son empire avec le lion et l'éléphant; là, il commerce avec l'Europe, lui donne, en échange de ses arts et de sa brillante industrie, ses peaux de tigres, ses ivoires, ses grains et son or : il reçoit les semences du christianisme, abandonne son idolâtrie et ses faux dieux, et se civilise insensiblement par l'arrivée fréquente des navires de toutes les nations. Tels sont les Etats Barbaresques, les royaumes de Maroc, Tunis, Alger, Tripoli, Fez, tous, en majeure partie, sous l'empire du Croissant, sous la législation mahométane, à quelques modifications près, et nous offrant, quant aux bains, un champ vaste à de pompeuses descriptions. Ici encore, le luxe de Sardis et le faste oriental d'Ormus, embaument les baignoires de mille parfums délicieux. L'Arabie y envoie ses encens, ses cachemires, ses tissus magnifiques. L'Europe aussi communique avec l'Afrique, lui prodigue ses meubles recherchés, ses arts enchanteurs, et fait à l'envi pénétrer dans les caravansérails du Caire et d'Alexandrie, la mollesse de Sybaris.

L'Afrique, géographiquement parlant, est une grande presqu'île, qui ne tient au continent de l'Asie que par l'Isthme de Suez, et qui n'est séparée de l'Europe que par le détroit de Gibraltar. Placée sous l'équateur qui la coupe presque en deux parties égales, elle est moins peuplée que les autres parties du monde. Sa population est estimée à cent cinquante millions d'habitans. Sa situation, sous la Zône torride, fait que les chaleurs y sont excessives. La langue qui y a plus de cours est l'Arabe. La polygamie, ainsi que la circoncision, y sont en usage, et le pouvoir monarchique y est tellement absolu, qu'un souverain, à la plus légère fantaisie, fait tomber la tête d'un esclave avec son cimeterre. Plus cruels encore, des princes se font fréquemment donner, dans une arène sanglante, le spectacle d'un homme, d'un infortuné, aux prises avec un tigre ou un lion; telle est l'histoire d'Androclès.

L'acte du bain au Congo, en Issinie,

en Abyssinie, en Nigritie, en Ethiopie, au royaume de Benin, est souvent un acte de religion, quand il ne devient pas une cérémonie préliminaire de mariage Souvent encore il s'investit de préparatifs et de motifs si comiques, si bizarres, que l'on ne peut trop admirer les écarts étranges de l'imagination de l'homme. Dans ces contrées brûlantes sa couleur est d'ébène; les physiologistes l'attribuent à la seule influence du climat; ainsi toutes les diverses nuances remarquées sur la peau de l'homme, tiennent uniquement, disent la plupart des naturalistes et des voyageurs., aux degrés plus ou moins ardens, plus ou moins tempérés du soleil. Cependant les Géorgiennes, les Circassiennes, sont d'une blancheur éblouissante, quoiqu'elles habitent sous un soleil très-ardent : c'est de ces races superbes que le Grand-Seigneur et les Pachas de l'Egypte composent leurs harems. Beaucoup de peuples de l'Afrique sont anthropophages, et exercent sur un sexe timide les cruautés et le despotisme le plus affreux. Ce n'est vraiment qu'en Egypte, aux Echelles du Levant, dans l'Arabie Heureuse, que les femmes rentrent dans leur empire : on ne peut se dissimuler toutefois qu'elles y portent encore les chaînes du sérail ; mais ces mêmes chaînes sont tissues de pierreries, de perles et de soie, et l'Egyptien n'épargne rien pour faire disparaître l'esclavage sous la double magie du luxe et de la volupté.

Une Négresse, ornée de perles, et belle comme une nuit parsemée d'étoiles, ne sera peut-être pas la beauté favorite de nos séduisantes Françaises? Quel éclat peut avoir dans le bain, diront-elles, une peau noire dont aucune nuance ne relève la lugubre et sombre uniformité? Il n'en est pas moins incontestable qu'une belle Nymphe des rives Ethiopiennes, parée du vif incarnat de ses lèvres de roses, du brillant émail de ses dents, et de toute l'élégance de sa taille souple comme le jonc, a inspiré souvent la plus forte passion à des Européens. Sa peau n'est pas un mélange séduisant de lis et de roses; mais son satin, qui n'a pas d'égal, l'emporte sur le velours le plus soyeux. Plus d'un Blanc, enfin, a connu l'amour dans les bras d'une Africaine; et si l'imagination de l'homme n'est heureuse que par les grands contrastes, où trouver un motif d'inconstance plus différent des plaisirs vulgaires?

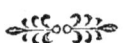

QUARENTE-TROISIÈME TABLEAU.

BAINS DE L'ÉTHIOPIE.

Le royaume d'Ethiopie, peuplé et puissant, situé en Afrique, entre la Nigritie, le Congo et les Etats du Ginger-Bomba, et qui eut des relations fréquentes avec la cour de Rome et de France, sous Louis XIII, par l'intermédiaire des missionnaires et des ambassadeurs, entr'autres singularités, a des *bains* assez extraordinaires. On n'en sera pas étonné pour peu qu'on considère que, dans ces contrées brûlantes, ainsi que dans l'Abyssinie et toutes les côtes de la Mer Rouge, la chaleur est si prodigieuse, que la peau pèle, et que le sable devient aussi ardent que des charbons enflammés.

Dans le royaume de *Zrila*, par exemple, car l'Éthiopie en comprend plusieurs (pays dont on tire beaucoup d'esclaves pour le travail des sucreries d'Amérique, dans la traite des nègres), a lieu le bain dit *de première nubilité:* il consiste à plonger les jeunes filles dans le fleuve voisin, et à les y laisser quelques heures dans un pieux recueillement; puis, sorties de ce bain purificatoire, les *magiciens* ou prêtres leur ferment, d'un fil gardien, l'entrée du sanctuaire de l'hymen; l'époux a seul le droit de lever cet obstacle barbare et douloureux. Au *Monoemugi*, même coutume atroce.

USAGES COMIQUES CHEZ LES EMPEREURS ET PRINCESSES DE CES PEUPLES.

Une majesté ou une altesse éthiopienne ou abyssinienne, dans son bain composé du lait pur d'une vache, est dans l'habitude d'y prendre souvent ses repas ; des pages et des *gratteuses* (nous expliquerons plus loin cet emploi), placés derrière sa majesté ou la princesse, font avec du riz, des viandes et des légumes, de grosses boulettes qu'ils mettent avec respect, après les avoir baisées, dans la bouche de sa majesté, à peu près comme on empâte des volailles dans certaines de nos provinces; elle dérogerait à sa dignité, si elle se servait elle-même. Le bain terminé, les *gratteuses* macèrent et tatouent sa majesté de certaines huiles, et leurs principales fonctions consistent à les chatouiller par tout le corps. La grande dextérité qu'elles déploient dans leur emploi, leur acquiert plus ou moins de faveur dans l'esprit du prince : ce qu'il y a de bizarre, c'est que ces grattemens et ces chatouillemens ont lieu dans les cérémonies religieuses les plus graves.

Dans son bain, l'empereur boira de l'eau-de-vie ou de l'hydromel; La baignoire est ordinairement faite de bois d'ébène ou de sandal; jamais' lne se sert de fourchettes ni de couteaux.

Les mœurs des princesses africaines, sont très-dissolues; elles vivent dans une licence criminelle; et malgré les semences du christianisme qui ont été jetées parmi ces peuples, elles se livrent, dans leurs débauches, aux plus grands des forfaits. Sont-elles ennuyées de leurs amans, elles s'en défont par le fer ou le poison.

Les Éthiopiens se disent descendans du Grand-Salomon, ce qui admet parmi eux la polygamie. *Une femme pour la nécessités: vingt autres pour le plaisir!.....* Cette maxime un peu relâchée se concilierait bien difficilement avec la pureté de nos institutions nuptiales et avec le respect passionné que nous avons pour le beau sexe. Nos charmantes Françaises ne veulent qu'u esclave, ainsi que nous ne voulons qu'une maîtresse : les yeux même d'un seul amant ombragent encore sa pudeur enchanteresse. — Par l'effet du climat, les passions là sont très-prématurées ; aussi y marie-t-on les garçons à douze ans, et les filles à dix.

Une coutume qui se rattache essentiellement à la cathégorie des bains, c'est que, quand un Éthiopien possède mille vaches, il est obligé de donner chaque année un bain de lait trait, de ses vaches, à tous ses parens, avant le festin qu'il leur offre ensuite. Ces mêmes parens, s'ils sont riches, lui rendent le bain de lait obligé.

Les femmes ornent leur chevelure, d'une grande quantité de perles. Comme en Issinie (où l'époux trahi a le droit de poignarder sa femme), un pagne d'étoffe rayée, soutenu par une bande qui passe par-dessus l'épaule, sert à porter l'enfant sur leur croupe. Leur ceinture, leurs bras et leurs jambes, sont chargés de plumes d'oiseaux rares, et de divers ornemens de cuivre, d'étain ou d'ivoire. Le lieu du bains est placé sur les bord d'une rivière, et entouré d'une ceinture de roseaux, qui, disposés en berceaux, forment une voûte impénétrable aux rayons du soleil ; les serpens y sont fort communs et très-dangereux, et plusieurs, comme en Espagne, tettent aux mamelles des femmes qui nourrissent. —C'est encore en Ethiopie que se voit cette espèce de grand singe qu'on appelle l'*Orang-Outang*, et qui guette les baigneuses avec une cruelle lubricité.

BAINS
DE
L'AMÉRIQUE.

BAINS DE L'AMÉRIQUE.

INTRODUCTION.

Nous l'avons dit, ce n'est pas du tout ici un cours complet d'histoire ou de géographie que nous nous sommes proposé de faire faire aux dames ; c'est en quelque sorte une course aérienne, dans laquelle nous effleurons le Panorama du monde. La baignoire est notre navire, l'amour enfle la voile, la folie tient le gouvernail, et nous allons dans ce riant équipage, avec nos spirituelles Françaises, chercher des parfums en Arabie pour leurs divins appas, des perles des pierreries en Perse, des bois et des plumages précieux en Amérique, et de l'or, pour qu'il ne manque absolument rien à leur bonheur : (ce métal n'est-il pas le grand mobile ! enfin de l'acajou, de l'ébène, du sandal, pour orner leurs appartemens, et des plumages pour ombrager leurs fronts.

L'Amérique est la quatrième partie du monde connu, et la plus grande de toutes : elle a pour vaste ceinture l'Océan; les îles qui l'environnent sont innombrables ; sa population est estimée à cent cinquante millions d'habitans : on y distingue quatre races d'hommes qui s'y sont croisées : les naturels du pays, les nègres venus d'Afrique, les Européens et les *Métis*, nés des Indiens et de ces mêmes Européens. Les langues de l'Amérique sont la Mexicaine, la Péruvienne, la Tapuye et la Calébine. C'est aux siècles modernes qu'appartient la gloire de sa découverte. Ce fut Christophe Colomb, Génois d'origine, qui aborda, en 1491, ce grand continent; le premier, il eut l'audace de s'élancer sur un Océan immense, seulement secondé de la science conjecturale de son génie.

La Chicca, en fait de danses nationales, tient le premier rang aux Colonies américaines; elle a lieu au son d'un *tam-tam* ou tambourin. C'est le triomphe des femmes; et les bayadères de Perse, les danseuses du voluptueux *Fandango*, à Madrid, ne seraient peut-être que des novices auprès de ces brillantes Indiennes. Toutes leurs passions sont volcaniques : elles ne peuvent manquer d'y ressentir celle de l'amour avec une sorte de fièvre ardente.

La beauté d'une Américaine ne consiste pas, il est vrai, dans l'albâtre de sa peau; point de ces nuances purpurines, de ces lis et de ces roses, qui se succèdent tour-à-tour sur le visage d'une Française; mais l'émail de ses dents, le pourpre de ses lèvres, le satin de sa carnation, n'a point d'égal; ses grands yeux surtout ont une expression frappante,

QUARENTE-QUATRIÈME TABLEAU

BAINS DE L'AMÉRIQUE.

Ce serait se renfermer dans un cercle trop étroit, que de ne traiter exclusivement que les bains de la capitale. Nous croyons donc pouvoir nous permettre ici, dans une philosophique digression, de dire un mot des Thermes des quatre parties du monde. L'homme s'est baigné dans l'état naturel, et à peine sortant de son berceau; les animaux eux-mêmes nous tracent cet exemple; l'intérêt que tout être animé ressent pour sa propre conservation, sous le rapport de la propreté, ou de l'agrément celui de l'utilité, le porte à rafraîchir ses sens dans une onde claire; ainsi, la Péruvienne, l'Amazone habitant les bords du grand fleuve de ce nom et ceux de l'Orénoque, l'Américaine dans les hordes les plus sauvages, baignent leur enfant aussitôt qu'il est venu au monde : que ce soit parmi ces peuplades un acte de fanatisme, de culte idolâtre, un sentiment de propreté, ou un motif de superstition, il n'en est pas moins vrai que le bain est la première pensée de l'homme. Cette action, en effet, le purifie au physique de maintes impuretés : quant au point de vue religieux, les anciens y attachaient une propreté puissante, et peu de héros romains, cités dans Plutarque, donnèrent le signal des combats, sans avoir préalablement sacrifié aux Dieux, immolé des victimes, consulté les augures prophétiques, *et pris un bain*. Chez les Grecs, on trempait le nouveau-né dans les eaux du Styx, afin de le rendre invulnérable, tel Achille qui le fut entièrement, à l'exception du talon, attendu, dit la Fable, qu'en le tenant par cette partie, elle ne fut pas trempée dans l'eau tutélaire. Ce héros périt d'une flèche qui fut dirigée vers son talon. Cette allégorie nous indique que l'eau froide est un confortatif qui aguerrit aux plus rudes travaux, aux plus dures intempéries, et que, dès sa plus tendre enfance, l'homme doit s'y accoutumer. En Laponie, en Norwége, au Kamtschatka, les enfans, nus comme la main, se roulent sur la glace, sur la neige, et les mères, lorsqu'ils viennent au monde, leur mettent un glaçon dans la bouche, pour les accoutumer aux températures les plus rigoureuses. C'est, en effet, de cette manière qu'on fait des hommes, et non des poupées efféminées et toujours gémissantes. La rudesse des mœurs fait la force du corps, et conséquemment celle de l'âme. On envie sottement le sort des riches : helas ! qu'ils sont à plaindre, au contraire! Comme le dit spirituelle-

ment *Rivarol*, semblables à ces cloportes qui, munies de trente-six pieds, n'en marchent que plus lentement; de même les riches, servis par trente-six valets lambins et moqueurs, n'en sont que plus malheureux; ils languissent dans un repos meurtrier; leurs membres engourdis par la mollesse, leur âme affadie par des jouissances trop faciles, et que n'assaisonne jamais le sel piquant des obstacles, ne leur permettent pas de goûter le plaisir dont la fleur ne peut naître que du sein des difficultés. Le grand Rousseau le prouve aussi dans son *Emile*; il veut que son élève soit brave, courageux, actif, s'endurcisse à toutes les fatigues, et qu'il sache nager; il considère la mollesse et les langueurs du luxe comme le plus grand fléau de l'homme. « Songez, dit un
» jour un grand personnage de la cour,
» en proposant au philosophe de Ge-
» nève d'élever son fils, que c'est l'édu-

» cation d'un prince que je vous con-
» fie !!! — *Je songerai,* répondit l'il-
» lustre misanthrope, *que c'est l'édu-*
» *tion d'un homme.* » Le bain, chez les riches, n'est donc, à bien considérer, qu'une maladie de plus, qui paralyse leurs sens et toutes leurs facultés par d'insipides langueurs. Louons cent fois ce fier Anglais, beau, jeune, fait à peindre comme Apollon, et frais comme une rose, que tout Paris, en 1789, a vu brisant la glace au Pont-Neuf, dans les plus fortes gelées, et se délectant nu au milieu des glaçons : quoique très-riche, il avait contracté cette habitude, et sa santé n'en était que plus florissante.

Dans plusieurs royaumes de l'Afrique, la femme, après avoir mis au monde son enfant, le prend dans ses bras, et se baigne avec lui dans le premier fleuve.

USAGES DES AMÉRICAINS.

L'OISEAU DE PARADIS.

Ce que dit M. Delille, sur le colibri ou l'oiseau-mouche, peut s'appliquer ici, du moins en partie, à l'oiseau de paradis :

. . . .
Comparez cet oiseau, qui moins vu qu'entendu,
Ainsi qu'un trait agile à nos yeux est perdu,
Du peuple ailé des airs, brillante miniature,
Où le ciel, des couleurs épuisa la parure ;
Et pour tout dire enfin, le charmant colibri
Qui de fleurs, de rosée et de vapeurs nourri,
Jamais sur chaque tige un instant ne demeure,
Glisse et ne pose pas, suce moins qu'il n'effleure :
Phénomène léger, chef-d'œuvre aérien
De qui la grâce est tout ; et le corps presque rien,
Vif, prompt, gai, de la vie aimable et frêle, esquisse,
Et des dieux, s'ils en ont, le plus charmant caprice.

Nous traitons des bains ; nous expliquons les propriétés malfaisantes ou avantageuses de tous les genres de cosmétiques ; la toilette des dames se lie naturellement à notre sujet ; nous n'omettrons donc rien de ce qui peut faire connaître les sources où elles puisent les plus élégans attributs de leur parure ; car n'est-il pas contrariant quelquefois, pour une jolie Parisienne, de charger son front de pierreries, de plumes rares, et d'ignorer jusqu'aux lieux qui ont produit ces heureux ornemens qui siéent si bien à la beauté !

. . . .
En vêtemens légers l'or s'est changé pour elle ;
Son front luit, étoilé de *mille diamans,*
Qui brillent sur son sein, pendent à ses oreilles.
Les arts, pour l'embellir, ont uni leurs merveilles....
Mais où les a-t-on découvertes ces merveilles ?. Disons le.

Ce qu'on appelle en France l'*Oiseau de Paradis ;* en Portugal, l'*Oiseau du Soleil*, et aux Indes, l'*Oiseau des Dieux,* est fort commun dans l'île de Ternate.

C'est une erreur de croire que ce petit

animal vive de l'air, et qu'il naisse sans pieds. Ce qui peut avoir donné lieu à cette opinion, c'est l'usage où sont les Ternatois de les faire sécher au soleil, après leur avoir coupé les pattes. La chaleur, resserrant leur peau, fait disparaître les traces de l'incision. Ce que l'oiseau de paradis a de plus singulier, est une queue très-longue et un plumage admirable; il n'y a vraiment que l'*ardus* qui puisse rivaliser de beauté avec lui.

LA BARQUE DU MALHEUR.

Par maintes superstitions bizarres des peuples qui habitent les îles de Ternate, de Bornéo et de Macassar, qui ressemblent en cela aux Orientaux, ils attribuent à un esprit infernal tout ce qui leur arrive de malheureux, et ils ont recours à divers moyens pour l'apaiser. Par exemple, ils lui offrent des alimens si *le malheur* s'éloigne d'eux, ils redoublent leurs présens ; s'il continue, ils accablent d'injures le dieu fatal. D'autres fois ils présentent au même génie une barque chargée de vivres et de fleurs qu'ils lancent à l'eau, et la laissent voguer au gré des vents. Ils s'imaginent que tous les maux passent dans cette barque; et que quiconque oserait l'arrêter, serait assailli de toutes les infortunes qu'elle contient. Si, par le pouvoir mystérieux de ces barques tutélaires, l'homme parvenait, en effet, à se préserver des calamités qui pèsent sur le pauvre genre humain, combien en verrait-on voguer sur la Seine !...

ANECDOTE.

Les femmes de Macassar, île dont on tire des huiles balsamiques si précieuses pour la toilette, la santé, la beauté des cheveux et de la peau, sont encore loin de pouvoir donner des leçons de goût et de parure à l'Europe elles se peignent la peau en sortant du bain qu'elles prennent dans l'onde argentine d'une source; pour élégans colliers et brasselets, elles portent des dents de tigres enfilées dans un cordon.

Les princes qui gouvernent ces peuples sont presque aussi ignorans, aussi barbares.

On raconte, à cet égard, que les Portugais ayant eu le projet de former des établissemens sur les côtes maritimes de ces contrées, offrirent à un de ces rois de belles tapisseries à personnages. Ce barbare prit ces figures pour des hommes enchantés dont il avait lieu de craindre les complots, et renvoya ces présens prétendus magiques, ainsi que ceux qui les lui offraient.

C'est à Macassar encore que l'or, le diamant s'offrent sous les pas de l'homme au bord des rivières, sans qu'il ait besoin de les arracher des entrailles de la terre; le bois d'ébène y est fort commun.

Le Pavot.

Le pavot, qui produit l'opium, est de toutes les plantes de cette île celle dont on fait ici le plus de cas : elle croît ordinairement dans les lieux pierreux et sauvages, qui ne sont connus que des Insulaires. On tire de ses rameaux une liqueur qui s'épaissit dans l'espace de quelques jours. Aussitôt qu'elle a acquis une certaine consistance, on la coupe en morceaux pour en faire de petites boules qui s'achètent au poids de l'or : on les fait dissoudre dans l'eau, et on en arrose le tabac dont les Turcs, les Orientaux, en général, et même beaucoup de femmes des sérails, font un très-grand usage au sortir des bains, après s'être étendues sur des carreaux moelleux. Cette teinture donne au tabac ou au thé, un goût que les habitans trouvent admirable ; son effet le plus certain est de les enivrer, et le sommeil que leur procure cette ivresse a tant de charmes pour eux, qu'ils le préfèrent à tous les autres plaisirs. Les *rêveries*, les illusions, ne composent-elles pas la plus grande félicité de notre vie! et pourquoi n'introduirait-on pas cet usage dans nos baignoires à lits ?.... Je ne dis pas d'y admettre les alkalis, les pinces *épilatoires;* mais, rafraîchies par l'onde tiède, restaurées par un potage bien doré, un aileron de poulet succulent, un verre d'alicante et des masse-pains, ne serait-il pas délicieux pour nos Parisiennes de se jeter ensuite sur un sopha après avoir pris la liqueur *à douces illusions ?....* de se sentir insensiblement plongées dans une mer de délices, dont l'erreur des sens, il est vrai, ferait tous les frais; mais que cette erreur aurait de charmes !....... Nous sommes, sans contredit, très-ingénieux dans nos voluptés, mais il faut convenir quelles

Orientaux nous surpassent sur bien des points. Par exemple, les Persans et les Persanes, même dans les bains, outre le café qu'ils aiment beaucoup, sont encore passionnés pour une liqueur enivrante, faite d'une décoction de graine de pavot, qui les met dans un état de délire enchanteur ; car leur imagination, stimulée par cette boisson, enfante mille tableaux ravissans, mille songes magiques, qui les dédommagent, disent-ils, des vérités douloureuses de la vie; de sorte que souvent leurs cafés, leurs bains surtout, ressemblent à des synagogues d'exorcisés. Chez les uns, le pavot produit la fureur; chez les autres, l'enthousiasme. Pour beaucoup de Géorgiennes, de Circassiennes, elle fait naître les extravagances de la volupté : ce sont les véritables petites-maisons de *Bedlam :* mais pourrait-on blâmer ces recherches du plaisir ? et dans ce court trajet de l'existence, ne devons-nous pas accueillir avec transport tous les fantômes riants qui nous représentent un simulacre de bonheur, quoique à travers des nuages !!!.... Nos douleurs sont si vraies!.... nos maux si réels !.... Opposons-leur donc du moins des piéges qui retardent un instant les effets de leur malignité constante.

BIZARRERIES PRESQUE INCROYABLES SUR LA DENTELURE DES FEMMES AUX ÎLES CÉLÈBES.

Les femmes et même les hommes, aux Célèbes, ainsi qu'aux îles Bornéo et Macassar, sont dans l'usage de se faire polir et limer les dents, de se les peindre en rouge ou en noir; plusieurs même se les font arracher pour y substituer des dents d'or, d'argent ou de tombac. Ils sont d'ailleurs très-recherchés dans leur parure; et c'est une coutume indispensable, parmi les grands, de se rougir les ongles avec du vermillon au sortir du bain.

Quand ils marient leurs enfans, on enferme les nouveaux époux toutefois après qu'ils ont pris un bain purificatoire *jusqu'à la ceinture;* (car le lecteur doit remarquer à chaque instant que le bain est pour beaucoup de nations la base religieuse ou nuptiale); on enferme les nouveaux époux, pendant trois jours et trois nuits, dans une chambre obscure, qui n'est éclairée que par une lampe. Une vieille femme se tient à la porte pour leur fournir ce dont ils ont besoin; et le matin du quatrième jour, un domestique entre dans la chambre avec un vase rempli d'eau, et une barre de fer où sont gravés quelques caractères. Les deux époux mettent leurs pieds nuds sur la barre, et on leur jette sur le corps, de l'eau du même bain *purificatoire,* en prononçant certaines paroles mystiques. Le lendemain, le mari fait présent à sa femme d'une petite chaîne d'or, pour la faire souvenir qu'elle doit désormais être sa première esclave ; usage vraiment ridicule et barbare, selon nous; car, dans le partage des plaisirs et des maux de la vie, l'association des deux sexes ne doit-elle pas être à compte à demi ?. Pour nous, heureux Français, nous offrons bien à l'hymen des chaînes, mais des chaînes de fleurs, une guirlande des roses du plaisir, pour captiver l'objet charmant qui, docile à nos vœux, laisse cueillir à l'Amour son bouquet virginal.

La pluralité des femmes est permise aux îles Moluques, les mœurs mahométanes n'ayant pas laissé d'y pénétrer. On se marie, on se quitte sitôt qu'on cesse de se convenir. Un festin, voilà tout le cérémonial des noces et la célébration. Une Moluquoise veut-elle divorcer ? on reprend les présens qu'on s'est fait mutuellement, puis on prend *un bain de pieds* pour se purifier des impuretés qu'on peut a voir commises ensemble. Vous voyez, chères lectrices, qu'avec cette façon de penser on est là très-indulgent pour l'adultère; une femme, qui, sur le plus léger prétexte, peut se séparer de son mari, a peu de chose à craindre de sa mauvaise humeur pour les infidélités dont elle pourrait se rendre coupable; aussi le sexe est-il ici d'une coquetterie extrême, et d'une gaîté, d'un enjouement, qui, joints à une figure agréable, à beaucoup d'esprit, en font les délices des étrangers. Un Français, aux îles Moluques, croit être avec des femmes de son pays.

~~~~~~~~~~~~~~~~

GRAND COMMERCE DE LA NAVIGATION COSMOPOLITE.

SORTONS un instant des galans colifichets de la parure, et permettons-nous un tableau qui nous paraît aussi instructif qu'intéressant; car on ne peut pas toujours parler *bains et mœurs*.

La situation de la grande ville de *Manille*, aux îles Philippines, dans les mers des îles dont nous venons de parler, est des plus avantageuses pour le commerce de la Chine, du Japon, de Bornéo et des Moluques. On y voit venir tous les ans une quantité de vaisseaux de ces différentes contrées ; et le concours des étrangers est si grand, surtout à l'arrivée des flottes chinoises, qu'on en compte communément douze à treize mille, dont la plupart sont logés sous des tentes. L'argent du Pérou et de la Nouvelle-Espagne y abonde du côté de l'Occident. L'Orient y envoie les diamans de Golconde, la canelle de Ceylan, le poivre de Java, le girofle et la muscade des Moluques, les perles et les tapis de Perse, les étoffes de soie du Bengale, le camphre de Bornéo, l'ivoire de Cambaye, le musc de Boutan. (Nous décrirons les mœurs de ce petit quadrupède). Un tel lieu, dans les mains d'une nation plus active et plus laborieuse, deviendrait peut-être le plus riche entrepôt de l'Univers. Qu'on se figure dans le port, flottant sur une forêt de mâts, des milliers de pavillons zébrés de cent couleurs diverses.... des hommes, des costumes de toutes les nations; que ce tableau mobile, ce flux et reflux de peuples, qui se communiquent par le double lien de l'intérêt et du commerce, a de puissance sur l'imagination! Combien il aggrandit l'esprit! combien il développe nos idées rétrécies sur le petit théâtre d'une petite ville, ou d'un carrefour routinier de Paris! Oh! il n'y a pas de doute que plus d'un Parisien, échauffé par de telles images, encore imparfaites, n'aura secoué avec dépit ses langes et ses lisières puériles, pour aller braver sur des mers lointaines, le courroux de Neptune, et ennoblir son être et sa pensée dans les contrées du nouveau monde. Notre but n'est pas pourtant ici d'électriser l'imagination de nos aimables Parisiennes, au point de leur communiquer la frénésie des voyages. Non; qu'elles restent parmi nous pour faire l'ornement de la société; laissons aux hommes ces travaux glorieux; nous voulons seulement, sans les faire sortir de leurs baignoires, leur faire faire le tour du monde, et les transporter à chaque instant sur des scènes neuves, en ne cessant de les bercer au sein des douces ondulations du bain.

SYRÈNES.

Ce monstre, d'une vierge a le sein ravissant;
Son visage est d'un homme A la figure humaine
Se joint le vaste corps d'une lourde baleine;
Ses flancs sont ceux d'un loup, et de ce monstre enfin,
La queue en s'allongeant se termine en dauphin.
ENÉIDE.

Aux îles Philippines encore, on voit dans les mers qui les baignent, un poisson nommé *Drouvon*, et que les Espagnols appellent *Poisson-femme*. Il a absolument la forme jumelle du sein, le même éclat de blancheur, le même sexe, et l'on ne connaît point de mâle de son espèce : l'existence des syrènes dont il est question dans la mythologie, connues des poètes, sous le titre de *Filles d'Achéloüs et de Calliope*, monstres représentés comme moitié femme et moitié poisson, aurait donc quelque fondement ; d'ailleurs, les Hollandais, dans les fastes de leur histoire naturelle, assurent qu'on a vu dans les eaux du Zuiderzée des syrènes dont le gosier mélodieux perdit plus d'un imprudent écouteur... Ulysse fit donc bien, suivant ce que rapporte Pline, lorsque les syrènes cherchèrent à le charmer, de boucher les oreilles à ses compagnons, et de se faire attacher lui-même au mât de son vaisseau. Pour nous, qui voyons tous les jours les plus aimables syrènes, nous y croyons de la meilleure foi du monde; et, loin d'éviter leurs accens enchanteurs, nous nous estimerons, au contraire, fort heureux chaque fois qu'elles nous croiront dignes d'être *enchantés*.

Les syrènes, en effet, auraient-elles existé, comme certaines races d'animaux énormes dont on possède, dans les cabinets d'histoire naturelle, des fragmens d'os révélateurs ?

Je vais faire frémir le beau-sexe en lui parlant du royaume de Tonquin. Ce peuple, aussi cruel que le Siamois, punit l'adultère par la mort des deux coupables; la femme est écrasée sous les pieds d'un éléphant, et l'amant périt par le glaive du bourreau. Heureusement que ces exécutions sont fort rares, et qu'on exige les preuves les plus fortes du crime.

QUARANTE-CINQUIÈME TABLEAU.

BAINS DES AMAZONES.

    . . . .
L'Amazone surtout, signalant son courage.
Triomphe et s'applaudit au milieu du carnage,
Un carquois sur l'épaule, un sein nu, l'œil brillant,
Tantôt de traits légers qu'elle darde en volant,
Poursuit les Phrygiens; tantôt, plus redoutable,
Arme d'un fer tranchant sa main infatigable;
Sur son dos retentit le céleste carquois,
Plein des traits dont l'arma la déesse des bois;
Tantôt, quand des vainqueurs, ardens à sa poursuite,
La force inévitable a décidé sa fuite,
Terrible, elle se tourne, et d'un bras foudroyant
Leur porte l'épouvante, et triomphe en fuyant.
Avec la même ardeur vole et combat près d'elle,
De ses vaillantes sœurs une troupe fidèle....

                          Enéide, Livre XI.

Fidèles à notre plan d'instruire et de récréer, nous saisirons cette heureuse occasion d'esquisser à grands traits les mœurs belliqueuses d'une nation guerrière, uniquement composée de femmes, et dont la monarchie *toute féminine* a pour base fondamentale d'exclure notre sexe de son sein. Se passer d'hommes, réfléchira plus d'une lectrice avec la belle Arsène! vivre dans un éternel célibat!... ma foi, malgré tous les défauts de ce sexe despote et capricieux, il faut encore mieux se résigner à souffrir tous ses défauts, que de languir dans les vapeurs d'une chaste solitude..—Patience, Mesdames; si les Amazones rejettent les hommes comme des maîtres trop dangereux, elles ne laissent pas de les accueillir sous le titre d'amans; l'hymen, sur bords de l'Orénoque, ainsi que sur les ceux du fleuve des Amazones, reçoit un tribut annuel de galanterie de la part des hordes voisines des sauvages. Les Iroquois, les Caraïbes, sont les heureuses peuplades qui fournissent, à une époque convenue de l'année, des époux à nos fières Amazones ; car on conçoit de suite qu'une république, composée uniquement d'un seul sexe, s'éteindrait bientôt, sans postérité, dans la stérilité du célibat. Après cet exorde préparatoire, il est temps de parler de voyages et de géographie.

Le pays des Amazones, c'est à-dire, Femmes sans mamelles, découvert, pour la première fois, par l'Espagnol Orellana, situé en Amérique, aux confins du Brésil, entre la Guyane, le Pérou et le Paraguay, est peut-être la contrée la plus curieuse, la plus étonnante de l'Univers. On la compare au jardin d'Eden, dont Milton fait une description si voluptueuse. Le grand fleuve, qui coule au milieu de ces brûlantes contrées, fertiles en or, en perles, en poissons, a reçu son nom de ces femmes héroïnes. D'abord, des voyageurs en ont nié l'existence ; mais bientôt d'autres, mieux instruits, puis des missionnaires intrépides, ayant pénétré jusqu'aux sources du fleuve, reconnurent, en effet, cette république extraordinaire gouvernée par une reine dont le courage et l'habileté font souvent remporter à ses troupes des victoires éclatantes sur les hordes de sauvages les plus terribles et les plus sanguinaires. Pourquoi, d'ailleurs, opposerait-on de l'incrédulité, et traiterait-on de fabuleux cet empire de femmes-soldats? Les Spartiates, les Lacédémoniennes, dans leurs jeux gymnastiques, ne s'exerçaient-elles pas à tous les dangers de la guerre?... Ne les vit-on pas souvent affronter, avec leurs époux, les plus grands périls pour sauver la patrie, objet de leur amour fanatique?... Et même, sans recourir aux fastes de la Grèce et de Rome, de nos jours n'a-t-on pas vu la chevalière Déon manier l'épée comme un Saint-Georges; de jeunes beautés servir d'aides-de-camp au général Dumourier, dans maintes actions périlleuses, et sachant couvrir leurs fronts de la double couronne des myrtes et des lauriers (1)? Une jeune princesse ne nous attaqua-t-elle pas, au commencement de la révolution, en mettant elle-même, devant Lille assiégé, le feu aux mortiers qui bombardaient cette ville?... Jeanne d'Arc Achette, ont conquis également l'immortalité par leur valeur; ainsi, sexe charmant, malgré les opinions jalouses de maints auteurs envieux, qui ont prétendu également vous exclure du sanctuaire des Muses, vous avez prouvé que vous pouvez, comme l'homme, manier l'épée et la lyre, descendre aux profondeurs de la métaphysique, et passer sans effort des

---

(1) Telle cette illustre espagnole qui a servi 25 ans dans les troupes de Charles III, avec le grade de capitaine, et qui, quoique couverte de blessures, ne fut cependant découverte que par une grossesse indiscrète.

boudoirs d'Anacréon aux études d'Uranie. Tous les talens vous sont prodigués avec le don de plaire; votre seule modestie les cache, ou notre législation injuste vous empêche de les mettre au grand jour.

Nous sommes donc bien éloignés d'accueillir, tout en rendant justice à l'esprit vif, au talent de M. Berchoux, ces traits malins que, d'un carquois fécond, il s'amuse à décocher sur les dames beaux-esprits, sur les femmes de lettres, qu'il ridiculise dans une pièce intitulée : Feuilleton en vers sur les Femmes intrépides.

Roman nouveau.

. . . .
Assez de feuilletons en prose
De leur critique ont lassé l'univers :
 Un journaliste se propose
 D'annoncer désormais en vers,
 Les livres, les romans divers,
Dont la littérature aujourd'hui se compose;
 Plus d'un écrivain rebuté
 Par des critiques prosaïques;

Devra son immortalité
A des articles poétiques;
Car ils iront sans doute à la postérité,
Et n'auront pas le sort, hélas! trop mérité,
De tant d'écrits périodiques.

Messieurs, un roman tout nouveau,
Intitulé : *Les femmes intrépides*,
En ce moment, sur mon bureau,
Etale ses feuilles humides.
Je coupe, je lis... Une femme est 'auteur
De cette prose romantique.
Vous le savez, ami lecteur,
Les femmes, en ce genre, ont un talent unique!
Il faut bien, en dépit de nos prétentions,
L'avouer, tous tant que nous sommes :
Dans l'art de manier les grandes passions,
Elles ont écrasé les hommes.

Aux plus habiles écrivains
Ces dames peuvent *en revendre* :
Tous les héros qui sortent de leurs mains
Ont quelque chose de si tendre!
Dans leur stile, quelle douceur,
Que de mouvement! que de brûlantes pages!
Comme elles ont l'art séducteur
De trouver le chemin du cœur,
Loin du chemin de leurs ménages!
Que de figures! que d'images!...
Ensuite, pour nous faire horreur,
Que de sites noirs et sauvages!
Que de caves, cachots, souterrains toujours frais,
Où contre de jeunes attraits,

BAINS DES AMAZONES.

La tyrannie à loisir s'évertue,
Comme on s'adore !... Enfin comme on se tue !...

Vous trouverez, messieurs, dans l'ouvrage assez beau,
    Aujourd'hui lancé dans le monde,
Pour un écu, chez les frères Chaigneau,
La sensibilité, je crois, la plus profonde;
Et, pour le même prix, un solide château,
    Asile du plus grand bourreau
    Qui soit sur la machine ronde;
    De plus, une Agnès vagabonde,
    En vain livrée aux bandits, aux escrocs,
    Maniant fusils et flamberges,
Sortant toujours, sans tache et sans acrocs,
Des grands chemins, des bois et des auberges.
    Dans aucun livre, en prose, en vers,
    Vous ne trouverez plus de crimes;
    Et ces crimes ne sont point chers :
    A trois francs et quelques centimes.
    De plus, pour comble d'agrémens,
    On a fait des tableaux charmans
    Et de la lune et de l'aurore;
    Objets dont les départemens
    N'ont qu'une faible idée encore.
On a pris soin de mettre sous leurs yeux,
    Pour les charmer, à plus d'un titre,
    Un firmament plus radieux :
    Le soleil se lève, pour eux,
    Plus brillant à chaque chapitre.
On a tâché, contrariant le cours
    De cet astre, mis à l'épreuve
    Des plus harmonieux discours,
    De le faire coucher toujours
    D'une façon piquante et neuve.

AMÉRIQUE.

Le campagnard, émerveillé,
Sur le papier de sa brochure
Très-élégamment barbouillé,
Lequel *manquait à la littérature*,
Trouvera beaucoup de verdure,
Assez de bois et de rians côteaux,
Bien affranchis par le libraire ;
Assez de fleuves, de ruisseaux,
Conséquemment beaucoup d'eau claire.
Mais cette *eau claire*, franchement,
Neuve parfois dans la carrière,
Ne *coule* pas toujours correctement,
Et s'échappant de ses rivages,
Voulant imiter les torrens,
Fait bien quelques petits ravages
Dans les domaines du bon sens.
Ses *ondes*, rarement soumises
A Richelet, à Vaugelas,
Chemin faisant, ne se dispensent pas
De *murmurer* quelques sottises...
Il n'importe, messieurs, le tout est racheté
Par des beautés à d'assez fortes doses :
On gagne en *sensibilité*
Ce que l'on perd en d'autres choses....
Qui pourrait, sans brutalité,
Refuser au beau-sexe un encens mérité,
Quand, pour des travaux littéraires,
Il se dérobe aux soins les plus touchans,
Aux affections les plus chères ;
Quand il oublie époux, enfans,
Pour enfanter des héros de romans,
A l'univers si nécessaires ;
Et quand, du noir qu'il a broyé,
De l'amour qu'il a délayé,

Il effraie, attendrit les imprimeurs-libraires....
    Dont il est assez mal payé,
    Attendu que maints exemplaires
    De ces *noirceurs*, de ces *amours*,
    Au magasin trop sédentaires,
    Y bornent leur malheureux cours.

C'est encore dans ces vers, pleins d'esprit et de malice, que M. Berchoux raille ces auteurs plaisans, qui se forgent, en singeant Demoustier, *une tendre et belle Emilie*, qui devient le plastron bénévole de toutes leurs sentimentales apostrophes :

        C'EST VATIGNAC QUI PARLE :
. . . .
Sur mille objets divers, réels ou fantastiques,
Je chante mes chagrins, mes plaisirs domestiques.
A mes épanchemens cherchant des cœurs ouverts,
Je n'ai rien de caché jamais pour l'univers.
Ma femme, sous le nom assez doux d'Amélie,
Brille dans mon recueil, *publiquement chérie* ;
Et je m'escrime à mettre en réputation
Notre amour conjugal, *de pure invention*.
Mes enfans, doux présent que m'a fait la nature,
Déjà n'ont pas à craindre une existence obscure :
Avec un juste orgueil je cite mon *aîné*,
Petit aigle en culotte, à *planer* destiné ;
Je cite les bons mots, l'étonnante malice
De son génie heureux retiré de nourrice.....

ARISTE.

Je vois là, mon ami, la preuve d'un bon cœur.
Est-ce assez pour distraire et charmer un lecteur?
Il me semble qu'un bourgeois, entretenant la terre
De ses petits bambins et de sa ménagère,
N'est pas d'un intérêt, entre nous, assez vif;
Ce sujet peut paraître d'abord un peu naïf...

VATIGNAC.

Je décris ma campagne, et la rends des plus riches,
Avec ma réthorique et de beaux hémistiches.
Elle manque d'ombrage, et le plus souvent d'eau :
J'imagine un bosquet, et j'invente un ruisseau;
Elle occupe une plaine aride et peu riante :
Sur un côteau riant, sans frais je la transplante,
D'où le lecteur jouit, ma poésie en main,
De la plus belle vue et de l'air le plus sain.
Je coule avec tristesse une assez longue vie :
Mais que ne peut la rime à la mesure unie!
Mes jours par mon ennui d'un bon tiers alongés,
Soudain, d'un trait de plume, en beaux jours sont changés.
Je dis aux nations, à bon droit *étonnées*,
Que je coule en repos d'innocentes années,
Errant dans la prairie, entouré de moutons,
Cultivant mon jardin, guéri d'illusions,
Riche de pauvreté, méprisant la mollesse,
Loin des grands, que je fais *pauvres de leur richesse.*

ARISTE.

Ces respectables mœurs et leurs descriptions,
Par malheur, font souvent bâiller les nations, etc., etc.

RICHESSES DES RIVES DU FLEUVE DES AMAZONNE.

Si l'on en croit les récits pompeux des voyageurs, l'or en lingots, les diamans, les pierreries, dans le fécond climat des Amazones, se rencontrent sans effort sous les pas de l'homme. Point de travail opiniâtre pour arracher ces trésors du sein des mines ou de l'onde. Ces merveilles ne seraient-elles sorties que du cerveau des poètes ?..... Il n'en est pas moins prouvé que ces héroïnes américaines ont existé et existent encore, et sont aussi intrépides aux combats que l'étaient les filles de Sparte sous le grand Lycurgue, qui avait exigé qu'elles combattissent *toutes nues* au Gymnase avec des jeunes gens nus comme elles... et cependant la pudeur n'en était nullement blessée !.... l'amour des sens ne trouvait aucune place auprès de la gloire de vaincre dans la lutte du pugilat ou de la course. L'innocence ne se couvre d'aucun voile; et lorsqu'elle commence à cacher ses formes virginales, elle en conçoit déjà l'amoureux destin.

Nous avons déjà dit que les Amazones se choisissaient une reine; ce n'est point la naissance ou l'hérédité au trône qui donne la couronne; mais l'illustration acquise par des preuves nombreuses de courage:

Le premier qui fut roi fut un soldat heureux,
Qui sert bien son pays n'a pas besoin d'aïeux.

On prétend que les femmes vont jusqu'à se brûler le sein droit, afin de pouvoir tirer de l'arc avec plus de facilité; l'amour de la liberté serait-il capable d'enfanter de pareils prodiges?....

CÉRÉMONIES NUPTIALES.

Elles consistent simplement, pour les Amazones, à recevoir, une fois par an, *les visites amoureuses* des sauvages voisins; elles ont soin de préparer, à ces heureux amans, dans leurs cabanes, des lits jonchés de fleurs, et surtout de les faire attendre sur la rive opposée du fleuve, afin de bien s'assurer de leurs véritables dispositions. Des ôtages sont donnés; les armes, les flèches, carquois, arcs, casse-têtes, haches, javelines, sont déposés en faisceaux, et gardés par une troupe de l'un et de l'autre parti ; alors, quand elles sont certaines que c'est uniquement *le voyage de Cythère,* et non un sentiment secret de trahison, elles se livrent sans réserve à leurs époux *de quelques nuits.* S'il naît des garçons de ces mariages rapides et de pure politique, ils sont impitoyablement immolés à la raison de l'état. Il faut étouffer sagement dans leur naissance ces serpens dangereux, capables, disent-elles de mordre le sein de leur mère; quelquefois, il est vrai, elles se borneront, *par humanité*, à leur casser une jambe, afin de les rendre inhabiles aux jeux de la guerre. Quant aux filles, elles sont de bonne heure exercées au maniement du javelot, de l'arc, de la hache; à domter un farouche coursier, à affronter la rage terrible d'un tigre, d'un lion : rien n'est capable de les intimider, et l'avenir même d'un trépas certain a encore pour elle des charmes, tant le fanatisme de la gloire les enflamme !

Le nourrisson du Pinde ainsi que le guerrier,
A tout l'or du Pérou préfère un beau laurier.

LEURS BAINS.

On ne doit pas s'attendre ici à jouir d'un grand appareil, d'une grande délicatesse dans les *thermes* de nos heroïnes. Point de ces doux parfums si recherchés des femmes du sérail, à Constantinople, de ces essences, de ces

Pâtes, parfums, odeurs de l'Arabie,
Qui font la peau douce, fraîche et polie...

Là, dans le fleuve le plus majestueux du monde, de la cîme d'une roche escarpée, nos Amazones, nouvelles Saphos, sans vouloir faire le saut de Leucade, se précipitent dans les flots, joûtent, se défient sur la force de rester le plus longtemps sous les eaux, remontent un courant rapide, et cherchent des cataractes pour y faire assaut d'audace. Brunies par les ardeurs d'un soleil brûlant, leur seul fard est ce teint de force, de santé et d'énergie, ce hâle heureux qui se mêle au coloris de la jeunesse, et qui vaut, sans doute, beaucoup mieux que cette fraîcheur artificielle que nos actrices puisent chaque soir à grands frais dans des petits pots remplis de céruse et de carmin. Au sortir de l'eau, elles se tatouent le corps d'une huile extraite des bêtes tuées à la chasse ; ces frictions onctueuses rendent l'élasticité, la souplesse à leurs membres ; voilà la *crême virginale* dont elles se parfument.

QUARANTE-SIXIÈME TABLEAU.

BAINS DES OMAQUAS.

Qui croirait jamais qu'un peuple sauvage, encore et à son berceau dans l'état de nature (*les Omaquas*), ont pourtant quelque chose de commun avec nos petites-maîtresses de Paris? Cet ustensile dont je vais parler étant du ressort de l'*hydraulique*, je crois pouvoir en dire deux mots. Ils sont dans l'usage, avant de se mettre à table, de présenter une seringue à chaque convive; cette seringue a la forme d'une poire creuse, à laquelle ils adaptent une canule à la pointe. Les Indiens ont en grand honneur ce meuble qu'ils adorent comme une sainte pagode. C'est une jeune et jolie fille qui présente la seringue aux convives, et s'offre même pour l'office d'apothicaire. Cette politesse préliminaire donne d'ailleurs aussitôt la preuve qu'on n'a rien épargné pour être en état de présenter un repas splendide. Si le thé en Chine, en Angleterre, obvie aux indigestions, la seringue *omaquoise* nous semble bien mieux remplir ce but.

<small>Chaque peuple a ses oûts, ses plaisirs et ses mœurs.</small>

Au reste, les *Omaquas* passent, d'après l'assertion de M. Delaporte, pour la nation la plus policée qui habite les rives du fleuve des Amazones, et sont très-supérieurs même à ces dernières, en fait de civilisation.

Le bain *dans un arbre creusé*, précède encore chez les Omaquas, le clystère gastronomique.

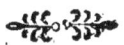

QUARANTE-SEPTIÈME TABLEAU.

BAINS DE L'ILE D'OTAHITI.

Si l'île d'Otahiti a ses galanteries célèbres dans l'Univers, elle a aussi ses *bains*, et nous nous ferions d'ailleurs un cas de conscience de passer sous silence une contrée si célébrée par tant de poètes. Ainsi, Mesdames, abordons cette île et jetons l'ancre sur ses rives fortunées qui jouissent d'un éternel printemps.

Située dans la mer du Sud, elle fait partie de l'Amérique méridionale. On n'y éprouve point de ces chaleurs excessives qui rendent quelques-unes de ces contrées inhabitables. Ceux qui en ont parlé avec le plus d'étendue et de complaisance, l'ont nommée l'*Ile de Cythère*; d'autres, l'*Ile fortunée*, persuadés que c'est le nom qui convient le mieux à un pays où habitent des hommes sans vices, sans dissensions, sans préjugés et sans besoins. Nés sous le plus beau ciel, nourris des plus beaux fruits d'une terre féconde sans culture, gouvernés par des pères de famille, plutôt que par des rois, ils ne connaissent d'autre dieu que l'Amour. Tous les jours lui sont consacrés; toute l'île est son temple; toutes les femmes sont ses idoles, et les hommes ses adorateurs. On voit que, sans se connaître et à des distances infinies, les cœurs bien nés se touchent par certains points de contact, et que les Otahitiens sont un peu Français par les sentimens du cœur. Comme nous ils idolâtrent les femmes... eh! quelles femmes encore!... les rivales des Géorgiennes pour la beauté, et les sœurs des grâces sans voiles. La nature a réservé pour elles ses dons les plus précieux. A une taille élégante, elles joignent la plus intéressante figure, et un corps dont les contours arrondis et les proportions exactes, feraient accorder le prix sur toutes les beautés européennes. Avec la tournure, l'air fin et spirituel, d'une Parisienne, elles seraient accomplies.

RITS DE LA GALANTERIE.

La chasteté n'est point au nombre de leurs vertus ; les filles y sont absolument libres d'y suivre leurs penchans. Les infidélités des femmes n'y sont punies que par des réprimandes, et autorisées, si elles s'enveloppent d'un adroit mystère : c'est à-peu-près comme à Paris. Heureuse île! la fausse honte et la pudeur n'exercent point ici leur empire. Les habits des femmes sont légers, transparens, et disposés de manière que l'œil n'est trompé qu'autant qu'il veut l'être... La gaze la plus légère flotte toujours au gré du vent et des désirs. L'acte de créer son semblable passe pour un devoir de religion ; il ne se cache point dans l'ombre du secret ; on y procède en public. Les préludes en sont encouragés par la présence, les vœux et les chants des spectateurs, et le succès couronné par leurs applaudissemens. C'est Vénus elle-même célébrant ses amoureuses destinées. Tout étranger est admis à participer à ces mystères ; c'est même une obligation de l'y inviter ; et l'heureux insulaire jouit sans cesse, ou du sentiment de ses propres plaisirs, ou du spectacle de ceux des autres. Le seul dont il est privé est celui de cette pudeur charmante qui excite les désirs, et fait le principal charme des faveurs ; ici la nudité la plus complète offre à tous les regards un couple d'amans choisis parmi les personnes les plus belles de l'île, et aucune ombre protectrice de la pudeur n'en cache la touchante défaite. Bien entendu que l'idole d'amour, aux pieds de laquelle le sacrifice a lieu, ne veut que des prémices. Ce dieu d'amour, ambitieux dans son choix, exige impérieusement que les victimes qu'on lui immole le soient *pour la première fois.....* Ce serait, à cet égard, un culte assez difficile à pratiquer dans notre capitale...

LANGUE OTAHITIENNE.

Une langue harmonieuse, composée de quatre à cinq cents mots, leur suffit pour exprimer toutes leurs idées. — Leurs canots sont d'une construction commode; leur navigation est dirigée par l'inspection des astres. Comme le terroir qu'ils habitent est un séjour enchanteur, leurs maisons sont ouvertes à tous les vents; ils couvrent à peine de quelques feuillages la terre qui leur sert de lit. Les Otahitiens recherchent avec avidité tout ce qui vient des Européens; mais quand ils leur présentent des couteaux, ils les repoussent avec horreur, comme s'ils devinaient l'abus qu'on peut en faire.

REPAS.

Les chefs des Indiens sont accoutumés à une sorte de volupté que nous, Français, ne connaissons pas. D'abord, il n'y a chez eux ni boissons fermentées, ni mets apprêtés au feu des cuisines; c'est des mains mêmes de la nature qu'ils reçoivent tous leurs alimens. Les femmes servent les hommes dans les repas; et, après avoir donné un tendre baiser à chaque morceau qu'elles leur préparent, elles les leur mettent elles-mêmes dans la bouche. Il faut convenir que rien n'est plus séduisant : recevoir ses alimens d'une main chérie, d'une main charmante, déjà effleurés par une bouche de rose.... Ah ! cette recherche est sans expression, et toutes les voluptés si célébrées parmi les Sybarites, qui ne couchaient que sur des lits de roses, ne peuvent approcher de cette imagination exquise. Espérons qu'avec la marche des lumières, ce rit de gastronomie s'introduira dans nos mœurs, et que de jolies petites mains potelées nous rendront encore plus délicieux les plaisirs de la table. Quels délices de savourer une meringue à la vanille, encore humide des baisers d'une maitresse !...

Les Otahitiens n'admettent aucuns titres exclusifs de propriété, ni les droits subtils et pointilleux du *tien* et du *mien ;* ils ne regardent le vol que comme un acte d'équité naturelle, qui établit l'équilibre rompu par des propriétaires trop riches. Au surplus, pour un miroir, ou quelques objets de quincaillerie, ils vous donneront en échange de l'or, des perles, des pierreries du plus grand prix.

—

MUSIQUE DES OTAHITIENS.

Cette nation connaît aussi la musique,

en sait goûter les charmes : la flûte est l'instrument favori des bergers otahitiens; tandis que l'un souffle avec les narines dans la flûte, un autre se charge de faire jouer ses doigts.

USAGE RIDICULE DES OTAHITIENNES.

Le peuple le plus sage paie toujours, par quelque côté, tribut à la folie : par exemple, l'usage des dames otahitiennes, lorsqu'elles assistent à quelqu'une de leurs cérémonies payennes, est de se farder les fesses avec du vermillon et de la couleur bleue; elles invitent même les étrangers à les imiter ; et le moyen de conserver la bonne intelligence, est de faire comme elles : cette parure, sans doute, blesse toutes les convenances ; mais il faut en reporter tout l'odieux sur leurs prêtres, qui leur prescrivent ces mascarades indécentes.

MANIÈRES DE SE BAIGNER A L'ÎLE D'OTAHITI.

La scène du bain est un endroit du

rivage, dont l'accès n'est point défendu par les rochers qui règnent autour de l'île. La mer, en conséquence, y développe avec fureur ses vagues écumantes. Les lames qui s'y élèvent avec une hauteur incroyable, forment un si terrible tourbillon, que nos plus habiles nageurs s'y noieraient infailliblement. C'est au milieu de ces lames terribles que dix ou douze Otahitiens se baignent pour leur amusement : ils fendent les vagues blanchissantes d'écume dont ils se jouent, plongent dans les lames, s'élèvent ensuite et replongent avec elles ; mais ce qui rend cette scène encore plus intéressante, c'est de voir ces Indiens qui, prenant une pirogue ou nacelle devant eux, passent avec elle à travers les lames, parmi lesquelles ils sont portés avec une rapidité inexprimable vers le rivage, et quelquefois même au-dessus.

Le deuil consiste, pour les femmes, à la mort des parens, à se noircir le corps avec du charbon, et à se ceindre les reins avec une petite pièce d'étoffe. Au surplus, ils ne considèrent les morts que comme endormis; et ils auraient sans doute imaginé l'art de les embaumer, si cet art n'exigeait pas une opération qui répugne à leur sensibilité.

—

Enfin, dans cette partie du monde presque inconnue, tout est singulier, la terre, la mer, les hommes même. Combien ne serait-il pas curieux d'étudier, dans leur façon de vivre, les coutumes de l'homme des premiers âges ; et tel qu'après être sorti des mains de la nature, il a pu, en faisant usage de son intelligence, se procurer, avec assez d'industrie, une vie plus commode par quelques inventions dues à sa seule adresse. Bornés à une société peu nombreuse, privés de secours et d'exemples étrangers, sans autre smoyens que ceux que leur fournit un terroir circonscrit dans des bornes très-étroites, ils vivent là comme dans ce siècle heureux que les poètes ont tant célébré. Ce bonheur se conserve sans mélange dans ces pays vierges dont l'existence est à peine connue, et où le grand éloignement empêche les autres hommes de pénétrer. Ils semblent être consignés dans cette extrémité du monde, pour servir d'asile à l'innocence, et offrir à quelques heureux navigateurs la délicieuse, douce et touchante image de l'antique beauté de la nature. Séparés du reste des hommes par l'immense étendue des mers, ils doivent garder plus naturellement leurs lois et leurs vertus.

QUARANTE-HUITIÈME TABLEAU

ANECDOTE FRANÇAISE
SUR LES BAINS.

Jamais les sens de l'homme ne s'égarent dans des inductions plus piquantes, plus agaçantes, que quand, par une circonstance fortuite, il voit aux fenêtres d'un salon, d'un boudoir, une jolie main de femme fermant des persiennes, tirant avec mystère de doubles rideaux de taffetas et de mousseline. Toute son âme alors est oppressée sous le poids du désir et de la curiosité : il voudrait, au prix de son sang, voir la scène que ces rideaux jaloux cachent à ses yeux avides; il se consume en conjectures, il calcule, il suppose; son imagination provoquée, fait agir et parler des personnages ; l'éloignement a centuplé les attraits de l'inconnue ; il est déjà jaloux du sort d'un rival imaginaire ; il le voit heureux sur un sein qui s'abandonne à tous ses désirs... — L'insensé ! l'obscurité seule qui règne sur la scène, en posant sur ses yeux le bandeau des désirs, cause, toute la magie qui enflamme ses sens. Les accidens des teintes, des clair-obscurs, si c'est à la chute du jour, ajoutent encore à ses illusions. On ne saurait croire combien les localités et les saisons, les différens effets de lumières, influent sur nos sensations ; la moindre analyse du cœur en fournirait la preuve. Telle femme n'aurait dû son triomphe qu'à l'éclat des bougies; celle-là, à la fraîcheur d'un bosquet, à l'heureux choix de sa parure, aux premiers feux du printemps dont la séve court dans les veines du monde. Ce philosophe qui a avancé que le monde était régi en partie par le hasard, n'aurait-il pas raison ?...... Cet exorde de *rideau tiré mystérieusement par une main de femme*, me conduit naturellement à mes bains.

Dans ma première jeunesse, je fus caissier chez un riche banquier, M. de Barançay, dont l'hôtel magnifique était rue le Pelletier. Sa femme était charmante ; mais son grand défaut était une passion excessive pour le jeu. Depuis bien long-temps le soleil n'avait lui pour cette beauté nocturne, puisque, joueuse déterminée, elle faisait du jour la nuit, qu'elle passait avec des cartes et des dez à la main. A la pointe du jour elle rentrait, se mettait au lit, en donnant des ordres pour qu'on ne la réveillât qu'à la chûte du jour, moment où elle prenait son bain avant son repas Ce bain était la chose la plus originale du monde; je ne ferai aucune mention du luxe qui l'accompagnait : femme de banquier, n'est-ce pas tout dire ?... Mais une singularité fort comique, c'est que la baignoire de madame de Barançay, éclairée aux bougies, était suspendue par deux guirlandes de roses artificielles; et, au moyen du pendule d'une mécanique, elle s'y trouvait mollement balancée d'un mouvement insensible. La fatigue, l'insomnie, qui résultaient de sa frénésie pour le jeu, lui avaient suggéré l'idée de cette invention voluptueuse. Son médecin lui avait vainement recommandé l'usage de quelques pastilles narcotiques, afin d'amener le sommeil; Madame de Barançay avait rejeté cette pharmacie vulgaire, pour la remplacer par les pavots délicieux de sa balançoire, qu'elle appelait en riant *sa baignoire aérienne*. Plusieurs de ses amies même l'avaient essayée comme un chapeau d'une façon nouvelle; et trouvant ce bain on ne peut plus gracieux, l'avaient introduit dans leur boudoir. On sait à Paris la rapidité d'un caprice; il n'y eut pas une opulente du bon ton, qui ne voulût avoir sa baignoire soporifique, et le bain, généralement immobile, devint une sorte de gondole, d'aérostat bienfaisant. Madame de Barançay, on peut se l'imaginer, ne s'y endormait pas de suite ; l'esprit encore animé de toutes les boutades de la fortune, elle s'amusait pendant quelques minutes à faire, avec un jeu de cartes, sur un liége flottant, la répétition des coups malencontreux qu'elle avait essuyés ; puis, se laissant aller insensiblement au sommeil, ses mains laissaient tomber les *as* et les *rois de cœur*, qui, à la nage, flottaient avec les *valets de trefle*, puis faisaient naufrage sous les appas de madame de Barançay. La femme-de-chambre veillait sur elle : cette dernière m'avait souvent parlé de cette bizarrerie ; je la croyais un mensonge ingénieux, lorsque moi-même un soir, profitant de l'absence des domestiques, j'eus la témérité de pénétrer jusqu'à la baignoire aérienne, et j'y contemplai, en effet, la plus belle créature dans un état de désordre, que la pudeur ne me permet pas de peindre; mes sens, mon imagination, furent d'autant plus excités, que, comme je le dis dans mon exorde, le mystère et l'obstacle ajoutaient à cette scène de bains la plus piquante magie. Peut-être ce léger épisode mettra-t-il en vogue les baignoires aériennes suspendues par des festons et des guirlandes de roses. Au surplus, nous attestons le fait, et nous sommes convaincus que cette imagination doit être une des plus voluptueuses recherches du bain.

QUARANTE-NEUVIÈME TABLEAU.

Nous ne croyons pas pouvoir clorre nos Tableaux par rien de plus frais en pensées, en images, comme en poésie, que par les traductions suivantes qui ont trait au bain : n'aurait-on pas eu lieu de nous faire un reproche fondé, si nous avions omis SALMACIS, et ce fou de NARCISSE, qui voulait s'épouser lui-même? L'onde fut le théâtre de leurs amours; ils rentrent donc de droit dans nos attributions.

SALMACIS.

IMITATION D'OVIDE.

D'un antre solitaire une onde vive et pure
Tombe et baigne en fuyant la naissante verdure.
Cette source est sacrée, et l'on n'y voit jamais
Croître ces tristes joncs qu'enfantent les marais.
D'un ombrage éternel le Printems la couronne,
Et Flore n'y craint point le retour de l'Automne.

Une nymphe indolente, en ces charmans réduits,
Perd dans un froid repos et ses jours et ses nuits :
Un arc entre ses mains accable sa mollesse,
Et le seul bruit du cor fait frémir sa paresse;
Elle fuit des forêts les sentiers tortueux.
Sa sœur lui dit souvent : viens te joindre à nos jeux;
Salmacis, prends un arc; Diane nous appelle,
Arme-toi; viens, suis-moi; viens chasser avec elle.
Salmacis, souriant avec tranquillité,
Demeure, et s'applaudit de son oisiveté.
Elle tresse tantôt sa blonde chevelure,
Sur la rose et le lis éparse à l'aventure.
Se jouant quelquefois dans un fleuve voisin,
Elle abandonne aux flots l'albâtre de son sein,
Et son œil, attaché sur leur cristal fidèle,
S'y regardant toujours, s'y voit toujours plus belle.
Quand des feux du midi les brûlantes chaleurs
Percent la grotte obscure et dessèchent les fleurs,
On la voit reposer sous un dais de feuillage :
Des bosquets parfumés lui prêtent leur ombrage.
Elle dort, tout se tait : les timides oiseaux
N'osent plus voltiger de rameaux en rameaux.
Zéphir même s'arrête, il adoucit pour elle
Ses baisers amoureux et le vent de son aile :
Elle dort, et son sein doucement agité
N'oppose *qu'une gaze* à la témérité...
L'amante de Titon sur les gazons humides
Déployait ses réseaux et ses perles fluides.
Séduite par le calme et l'air pur du matin,
La gorge demi-nue, et le regard serein,
Salmacis moissonnait les doux présens de Flore,
Encor tout humectés des larmes de l'Aurore.

Soudain s'offre à ses yeux un berger plein d'appas,
Et formé pour l'amour, qu'il ne soupçonnait pas.
Charmant, il unissait (doux et rare assemblage!)
La fleur de l'innocence à la fleur du bel âge;
Et la nature en lui, retardant le désir,
Dérobait à ses sens les secrets du plaisir.
A peine Salmacis peut-elle se contraindre.
Le voir et soupirer, et désirer et craindre,
Ces sentimens divers l'agitent tour-à-tour.
Ses yeux, jadis si doux, étincellent d'amour.
Son orgueil inquiet a connu les alarmes :
Ses avides regards interrogent ses charmes.
Ce ruisseau qui souvent lui peignit sa beauté,
Alors trop peu flatteur, est cent fois consulté.
Elle vole au berger, s'arrête, se retire :
La frayeur la retient lorsque l'amour l'attire.
A travers le feuillage elle suit tous ses pas,
Désire qu'il approche, et craint son embarras.
Elle s'avance enfin : jeune enfant, lui dit-elle,
Ah! parlez; de quel nom faut-il qu'on vous appelle?
Descendez-vous des cieux pour orner ce séjour ?
Si vous êtes un dieu, c'est le dieu de l'amour.
Si vous êtes mortel, heureuse la maîtresse
Qui de vous a reçu la première caresse?....
Elle voudrait poursuivre : il se trouble, il rougit;
Mais son trouble lui sied, sa rougeur l'embellit.
Elle exige de lui cette faveur légère,
Ces baisers qu'à sa sœur peut accorder un frère.
Ah! cessez, lui dit-il; que vois-je dans vos yeux?
Cessez, ou pour toujours j'abandonne ces lieux.
Salmacis en pâlit. Demeurez, je vous laisse;
Demeurez... Elle fuit alors avec adresse,

T. II.

Et derrière un buisson, d'où son œil peut le voir,
Elle observe l'instant de remplir son espoir.
Se croyant libre, il vole, erre dans la prairie,
Foule d'un pas léger l'herbe tendre et fleurie,
ET DANS DE BELLES EAUX QUI L'INVITENT AU BAIN,
Hasarde un pied craintif qu'il retire soudain;
Mais bientôt abusé par leur charme perfide,
Sur ces bords enchantés devenu moins timide,
Il découvre à la Nymphe, en quittant ses habits,
La jeunesse en sa fleur prête à donner des fruits.
Ce ne sont point ces traits, cette expression mâle,
Et ces muscles nerveux qui fatiguaient Omphale,
Ni de nos demi-dieux les brillans attributs;
C'est le jeune Adonis préféré par Vénus.
Sous l'eau qui le reçoit et près de lui bouillonne,
Il paraît comme un lis que le verre emprisonne,
Ou comme un bloc d'albâtre où des ciseaux hardis
Ont sculpté d'un beau corps les contours arrondis.
Salmacis en secret dévore tant de charmes;
Une tendre fureur lui fait verser des larmes;
Tout, jusqu'à l'air si frais qu'on respire en ces lieux,
Lui paraît autour d'elle embrâsé de ses feux.
Rien ne la retient plus; elle brûle, frissonne,
Elle ne peut souffrir tout ce qui l'environne
Le voile qui la couvre et pèse à ses désirs,
Détaché de son sein, flotte au gré des Zéphirs,
Et son œil, de sa flamme éloquent interprète,
Est semblable au soleil que le cristal répète.
Oui, je te tiens, dit-elle, et la Nymphe à ces mots,
Jette ses vêtemens, s'élance dans les eaux.
Tour-à-tour elle emploie et la force et la ruse;
Lui ravit des baisers, que l'ingrat lui refuse;

Sous le voile de l'onde où ses efforts sont vains,
Laisse errer au hasard ses innocentes mains....
De ses flexibles bras l'enveloppe, le lie,
S'enlace dans les siens, et cent fois se replie :
Tel le lierre, en naissant, sur   terre couché,
Serpente autour du chêne et s'y tient attaché.
L'Amour qui rit en l'air des efforts de la belle,
Emousse encor *l'organe* interrogé par elle ;
Et la Nymphe, expirant de honte et de désirs,
Dans leur propre foyer cherche en vain les plaisirs.
Dieux, ô Dieux, dans mes bras enchaînez le barbare,
Dit-elle, je mourrai plutôt qu'on m'en sépare.
L'Amour, trop tard, hélas ! applaudit à ses vœux,
Et dans un même corps les confondit tous deux.
Sur une même tige ainsi l'on voit deux roses
Mourir en même temps, en même temps écloses ;
Ou, tels dans les forêts, deux jeunes arbrisseaux,
Semblent d'un même tronc élever leurs rameaux.

NARCISSE.

IMITATION D'OVIDE.

Au fond d'une vallée une onde fugitive
Arrosait le gazon qui tapissait sa rive.
Là, jamais les bergers ne menaient leurs troupeaux ;
Rien ne troublait jamais le cristal de ses flots,
Et des chênes voisins l'ombre fraîche et sacrée,
Aux rayons du soleil en défendait l'entrée.
Au retour de la chasse, en ce riant séjour,
Narcisse fatigué fuit la chaleur du jour ;
Mais lorsqu'il veut calmer la soif qui le dévore,
Il sent naître une soif plus dévorante encore.
A l'aspect imprévu de sa propre beauté,
Immobile et rêveur, il demeure enchanté :
Il se contemple, il brûle, étonné de lui-même,
Et prête un corps, hélas ! à cette ombre qu'il aime.
Avidement penché vers ses bords trop flatteurs,
Il admire ses yeux embellis par ses pleurs,
Ces longs cheveux flottans dont il est idolâtre,
Ce cou plus éclatant et plus blanc que l'albâtre,
Cette même pudeur et ce tendre incarnat
Qui des lis de son teint anime encor l'éclat :
Se livrant par degrés au charme qui l'attire,
Il languit, il désire ; et c'est lui qu'il désire ;
Il est tout à la fois l'amant, l'objet aimé,
Et meurt d'un feu cruel par lui-même allumé.
Combien de fois, trompé par ces ondes perfides,

Leur donna-t-il en vain mille baisers avides?
Malheureux! il s'épuise en efforts superflus;
Il voudrait se saisir, et ne se trouve plus.
Il ne sait ce qu'il voit, mais ce qu'il voit l'enflamme,
Et l'erreur de ses yeux a passé dans son âme.
Insensé! que fais-tu? quel objet te séduit?
Disparais, il n'est plus: fuis de ces lieux, il fuit.
Le sommeil ni la faim n'interrompt son ivresse,
Il ne saurait quitter cette ombre enchanteresse;
L'œil chargé de langueur, où brille encor l'espoir,
Il savoure à longs traits le plaisir de se voir,
Et sur l'herbe étendu, se soulevant à peine,
Il adresse ces mots à la forêt prochaine.
« Solitude profonde, asyle ténébreux,
« Où tant d'amans discrets ont soupiré leurs feux;
« Oui, j'en prends à témoin votre antique feuillage,
« Depuis qu'à leurs secrets vous prêtez votre ombrage,
« Et que vous les cachez dans vos sombres détours,
« Avez-vous vu jamais d'aussi tristes amours?»
Ce qu'il aime se peint dans ces eaux trop fidèles;
Et ses charmes trompeurs sont fugitifs comme elles.
Qu'est-ce donc qui m'arrête au moment d'être heureux?
Ce ne sont point des monts, des rochers sourcilleux,
Ni d'un rempart d'airain l'intervalle barbare;
C'est l'eau d'une fontaine, hélas! qui nous sépare.
Lui-même à mes désirs bien loin de s'opposer,
Lorsqu'à ces flots émus je confie un baiser,
De ma bouche enflammée il approche sa bouche:
Le cruel! il m'échappe alors que je le touche.
Que peu de chose nuit au bonheur des amans!
O toi, qui que tu sois, viens calmer mes tourmens.
Pourquoi donc me fuis-tu? Par quel destin contraire
Ne puis-je te fléchir, t'attendrir et te plaire?

Ma jeunesse pour toi n'est-elle d'aucun prix?
Des Nymphes ont aimé l'objet de tes mépris.
Que dis-je! j'entrevois un rayon d'espérance :
Sur cette onde attaché, quand vers toi je m'élance,
Lorsque je tends les bras, je rencontre les tiens,
Et tes prompts mouvemens sont l'image des miens.
Tu ris lorsque je ris : sensible à mes alarmes,
Tu parais à mes pleurs mêler aussi tes larmes.
Tu rends geste pour geste, et même, en ce moment,
Si ce n'est pas encore un doux enchantement,
Tu sembles me parler, et, fidèle interprète,
Ce que ma bouche dit, ta bouche le répète,
Trop douce illusion! signes trompeurs, hélas!
Que je crois expliquer et que je n'entends pas.
Mais je n'en puis douter, j'adore mon image :
Quel amant dut jamais prétendre davantage!
Je possède, je suis l'objet de mon désir,
Et je n'en jouis pas à force d'en jouir!
Puissé-je être à jamais séparé de moi-même!
Puisse s'anéantir le bel objet que j'aime!
Quel vœu pour un amant! je cède à ma douleur;
De mes jours malheureux l'amour sèche la fleur.
Déjà la mort s'approche, et j'y suis insensible;
Elle est pour moi la fin d'un mensonge pénible.
Il revient à la source, en prononçant ces mots,
Et trouble par ses pleurs la surface des eaux.
Son image à l'instant s'obscurcit et s'efface.
Quoi! tu me fuis, barbare, ah! demeure par grâce,
Dit-il, ah! laisse-moi jouir de mon erreur,
M'enivrer de moi-même, et nourrir ma fureur.
Oses-tu m'envier cette cruelle joie.
Ne pouvant rien de plus, au moins que je te voie.
Il frappe en ce moment, et déchire son sein;

Les roses et les lis s'y confondent soudain;
Vers l'onde colorée où se peint ce ravage,
Il se penche, et frémit en voyant son ouvrage.
Comme aux premiers rayons d'un jour pur et serein
S'exhalent dans les airs les parfums du matin,
Comme à l'aspect du feu l'on voit fondre la cire,
Tel Narcisse languit, il succombe, il expire;
Ce n'est plus ce pasteur, par Écho préféré.
Forces, couleurs, attraits, tout s'est évaporé.
La Nymphe cependant, par lui si malheureuse,
Imite encor les sons de sa voix douloureuse.
Hélas! s'écriait-il; elle répète hélas!
Frappe les airs des coups dont il meurtrit ses bras,
Et du fond de la grotte où gémit sa tendresse
Joint des adieux plaintifs aux adieux qu'il s'adresse.
Elle n'entend plus rien. Narcisse inanimé
Sur le gazon épais tombe et meurt consumé.
Ses sœurs en gémissant préparent les guirlandes,
Les feuilles de cyprès, les funèbres offrandes,
Et déjà le bûcher, couvert de leurs cheveux,
Semble leur demander leur frère malheureux.
On cherche en vain son corps, on n'en voit plus la trace
Narcisse disparaît, une fleur le remplace.

CONCLUSION.

Parvenus aux termes de notre riante navigation, après avoir fait flotter nos pavillons musqués sur toutes les mers, parcouru les bocages d'Amathonte, les antiquités de Rome, d'Athènes, les délices de Capoue, les merveilles de l'Asie, les sérails de Constantinople, d'Alexandrie, du Caire, les eaux thermales, les bains de la plupart des capitales du monde entier; et, enfin, après avoir épié, dans les plus mystérieuses retraites, le génie de la coquetterie du beau-sexe, toutes ses incroyables inventions pour étayer du vernis des cosmétiques et des bienfaits *des bains*, des attraits chancelans ou sur le retour, il est temps de plier les voiles, de jeter l'ancre, et bornant là nos courses vagabondes, de contempler, assis sur le rivage, le théâtre immense que nous avons effleuré.

Quel tableau! quel Panorama! quel profond sujet de méditations pour le philosophe, qui partout voit l'homme uniquement dirigé par la déesse de la Folie, créant en souveraine ses lois, ses idolâtries, ses voluptés et ses amours!!!... Ainsi, se dira-t-il, seulement à l'action du bain se rattache tant de démence? un acte, uniquement de propreté dans son origine, devient dans l'Orient un objet de religion?.... Toujours actif, ingénieux à ajouter au répertoire incommensurable de ses folies, de ses bizarreries l'homme s'empare du bain pour en composer les rits les plus ridicules ou les plus barbares!...— Boileau a donc bien eu raison de dire:

Il change au moindre vent, il tombe au moindre choc,
Aujourd'hui dans un casque, et demain dans un froc.

Là, sur les bords du Gange, l'Indien idolâtre fabrique des pagodes, adore des ondes, et l'encensoir à la main, salue le fleuve, aux eaux duquel il attribue une puissance divine. Ici, ce sont des lacs, des grottes mystérieuses, qui rendent des oracles; là, près de la Nymphe Egérie, une fontaine est bienfaisante à Numa. Si nous retournons aux Grecs, encore plus d'égaremens; et Neptune couronné est un dieu qui gourmande ou soulève les flots. Dans toute l'antiquité, on lui dresse des autels, on lui bâtit des temples, on lui fait des sacrifices de chevaux, de génisses, d'hommes même. Les Tritons, les Néréides, composent sa cour ; son front est ceint de roseaux, et sa main est armée d'un trident.

Le palais de Pluton lui-même, ce dieu terrible des enfers, est bâti sur les voûtes brûlantes où coule le noir *Tartare ;* on ne peut y arriver qu'en traversant, sur un pont tremblant, les eaux enflammées du *Phlégéton,* du *Cocyte,* dont les ondes se grossissent des pleurs des coupables, et dont le murmure imite leurs gémissemens..... C'est là que sont précipitées à jamais les âmes criminelles. Cet abîme, où tous les élémens et tous les maux se confondent, est sorti du sein du *Chaos*; autant la terre est placée au-dessous du ciel, autant le Tartare est creusé au-dessous de la terre (1).... Au paradis de Mahomet, on se baigne dans des ruisseaux de lait d'amandes... Etrange imposture ...

L'imagination se plaît ici à se perdre dans un délire mythologique, quoique le bon sens soit sacrifié sous un amas de chimères enfantées par le charlatanisme ou la superstition. A en croire la puissance des eaux du Styx, elles ont la vertu de rendre invulnérables : le Scamandre, le Xante, fleuves fougueux dans leur cours, sont encore d'autres dieux révérés ; les vierges s'y baignent et leur consacrent

---

(1) Hésiode, en sa Théogonie.

leurs prémices. Si nous revenons en Europe ou en Turquie, l'aristocratie du plaisir fait des bains un cloître impénétrable, et enveloppe l'asile de la volupté de formes mystiques, d'appareils sacrés, si puissans sur l'imagination de l'homme, et si bien faits pour multiplier les prismes magiques des sens ! Egaremens, démence délicieuse, quand vous n'avez pas d'autre pivot que l'amour; horribles, quand vous servez les rits d'un culte sanguinaire !....

Cette réflexion conduit naturellement à ces belles pensées de M. Alphonse de la Martines :

. . . .

Tu vois qu'aux bords du Tibre, et du Nil, et du Gange
En tous lieux, en tous temps, sous des masques divers,
L'homme partout est l'homme, et qu'en cet univers
Dans un ordre éternel tout passe, et rien ne change.
Tu vois les nations s'éclipser tour-à-tour
  Comme les astres dans l'espace;
  De main en main le sceptre passe;
Chaque peuple a son siècle, et chaque homme a son jour;
  Sujets à cette loi suprême,

CONCLUSION.

> Empire, gloire, liberté,
> Tout est par le temps emporté.
> Le temps emporte les dieux mêmes
> De la crédule antiquité.

Si la législation des divers peuples de l'Asie, de l'Afrique, est désavouée par la raison et les saines lumières, sous le rapport du bain, on doit dire à notre gloire que c'est seulement dans le Nord que cette partie de nos usages suit avec sagesse les conseils d'Esculape et d'Hygie, principalement pour les bains des eaux minérales. Le luxe a bien aussi sa démence à Paris, quant à certains boudoirs de bains; mais, dans ces brillans excès, le commerce trouve son avantage, et l'industrie gagne en intérêts ce que nos Laïs modernes perdent en décence.

Il me reste à présenter au beau-sexe, auquel j'ai exclusivement consacré mes soins et mes veilles comme je l'annonce dans mon ÉPITRE DÉDICATOIRE, à lui renouveler l'expression de mes modestes vœux :

. . . . . . Un seul sourire et j'obtiens des succès.

Aurais-je donc le bonheur de le voir errer sur ses lèvres de rose ce sourire enchanteur si précieux, qui fera ma réussite ou ma chute???.... Les charmantes Parisiennes, pour qui je viens de visiter le monde et tous les sérails de la Perse, au risque de me faire empaler, auraient-elles la cruauté de le refuser ce sourire à mon zèle ardent, respectueux?.... Comment!.. j'aurais mis au grand jour tous les moyens de plaire, j'aurais fait connaître toute la chimie savante des ateliers conservateurs de la beauté, et je n'aurais travaillé que pour des cœurs ingrats!.... Non, non, ce sourire ardemment désiré, je le vois déjà naître comme un tendre crépuscule sur leurs bouches divines; on le refusait à mes faibles talens, on l'accorde à mes intentions, et j'entends déjà dire par toutes les jolies femmes :

« LES BAINS DE PARIS, *galerie de TA-*
» BLEAUX *assez gracieux, auraient pu,*
» *sans doute, être coloriés par un*
» *pinceau plus habile; mais le fond*
» *n'en est pas moins utile qu'agréable;*
» *les convenances y sont respectées au*
» *milieu des matières les plus délicates*
» *de la pudeur, et l'on peut mettre ce*
» *livre dans sa gibecière avec sa bon-*
» *bonnière et un flacon d'odeur.* »

FIN DU TOME SECOND ET DERNIER.

TABLE DES MATIÈRES

CONTENUES DANS CE DEUXIÈME VOLUME.

Vingt-huitième Tableau. (Autriche.)
Bains de Baden près Vienne. 1
Vingt-neuvième Tableau. (Allemagne.)
Bains d'Aix-la-Chapelle, de Wisba-
den, de Sclangsbad (*Bains des Serpens*),
Spa, etc. 5
Bains de Spa. 14
Relation du chevalier de Rosanges sur les
Bains de Spa, envisagés sous leur point
de vue moral et d'hygiène. 25
Bains de Wisbaden. 44
Trentième Tableau. (Hongrie.) Bains
de la Hongrie. 47
Trente-unième Tableau. (Laponie.)
Trente-deuxième Tableau. (Groen-
land.) Inventions curieuses des Groën-
landais pour le bain. 54
Mariage des Groënlandaises. 58
Naissance des enfans; leurs bains. 60
Trente-troisième Tableau. — Phéno-
mènes des eaux. 69
Trente-quatrième Tableau. — Le sui-
cide dans le bain. 71
Trente-cinquième Tableau. — La bai-

T. II. 13

gnoire d'airain, ou le supplice de Phalaris. 77
TRENTE-SIXIÈME TABLEAU. — Des Bains en général. 83

BAINS DE L'ASIE.

INTRODUCTION. 97
Géographie. 98
Mœurs et coutumes. 99
TRENTE-SEPTIÈME TABLEAU. — Bains de la Turquie. 100
TRENTE-HUITIÈME TABLEAU. — Bains de la Morée et de la Grèce. 113
Bains des femmes turques. 120
Superstitions. 123
Baptême des Grecs. 125
TRENTE-NEUVIÈME TABLEAU. — Bains de l'Arabie. 127
Notice sur le café. 131
Cérémonies nuptiales. 133
Cérémonies funèbres. 135
La barbe d'un Arabe. 136
Anecdote. 138
QUARANTIÈME TABLEAU. — Bains de l'Egypte. 141
Moyen d'engraisser et de maigrir par le bain. 147
Toilette des Egyptiennes au bain. 148

Bains du Gange dans l'Inde. Superstitions
   des Banians et des Mogols.   156
Quarante-unième Tableau. — Bains
   de la Perse.   159
Anecdote persane.   164
Quarante-deuxième Tableau. — Notice historique sur les Bayadères dans
   l'Asie.   167
Particularités curieuses.   175
L'arbre du café.   179
Vers à mon café.   182
Vente des femmes en Orient.   185

BAINS DE L'AFRIQUE.

Introduction.   188
Quarante-Troisième Tableau. — Bains
   de l'Ethiopie.   194
Usages comiques chez les empereurs et
   princesses de ces peuples.   196

BAINS DE L'AMÉRIQUE.

Introduction.   203
Quarante - quatrième Tableau. —
   Bains de l'Amérique.   208
Usages des Américains.   211
La Barque du malheur.   213
Anecdote.   214
Le Pavot.   216
Bizarreries presque incroyables sur la dentelure des femmes aux îles Célèbes.   219

Grand commerce de la navigation cosmo-
 polite. 222
Syrènes. 225
QUARANTE-CINQUIÈME TABLEAU.—Bains
 des Amazones. 228
Richesses des rives du fleuve des Ama-
 zones. 239
Cérémonies nuptiales. 240
Leurs bains. 241
QUARANTE-SIXIÈME TABLEAU. — Bains
 des Omaquas. 244
QUARANTE-SEPTIÈME TABLEAU. — Bains
 de l'île d'Otahiti. 246
Rits de la galanterie. 248
Langue otahitienne. 250
Repas. 251
Musique des Otahitiens. 252
Usage ridicule des Otahitiennes. 253
Manière de se baigner à l'île d'Otahiti. *ib.*
QUARANTE-HUITIÈME TABLEAU. — Anec-
 dote française sur les bains. 257
QUARANTE-NEUVIÈME TABLEAU. — SAL-
 MACIS, imitation d'Ovide. 263
NARCISSE, imitation d'Ovide. 268
CONCLUSION. 273

Fin de la Table du deuxième et dernier volume.

www.ingramcontent.com/pod-product-compliance
Lightning Source LLC
Chambersburg PA
CBHW062014180426
43200CB00029B/896